神士は金髪がお好き
Gentlemen Prefer Blondes

スクリーンプレイ

💎 この映画について

"Just Two Little Girls from Little Rock"

　マリリン・モンローが扮する金髪のローレライは、ちょっと頭が弱いが愛嬌たっぷりのお金持ち好き。お金がありさえすればルックスは関係ないと言う。それに対してジェーン・ラッセルが演じる黒髪のドロシーはしっかり者で、完全なルックス重視。性格が全く違う2人の美女が、男性達とのやり取りの中で、とんでもない事件に巻き込まれていくミュージカル・コメディである。最近のドラマに見られるような男関係を巡る女同士の妬みや複雑な感情は一切なく、女の友情や助け合いの姿がいろいろな場面で垣間見られ、単純に楽しめる。ローレライとドロシーはリトル・ロック出身の幼馴染で、ニューヨークでショーガールとして働いている大親友。ローレライはお金持ちのガスと結婚することを決め、ドロシーとともに豪華客船でパリに向かう。オリンピック選手団や大富豪と美女2人を乗せたこの豪華客船で、様々な人間関係が生まれ、あらぬ方向へと話は

About the movie

"How do you put it around your neck?"

展開していく。

　出航すると、ローレライとドロシーは男性達の注目の的。ローレライは婚約者ガスの心配をよそに、豪華客船で大富豪を物色…。特にローレライが目を輝かせたのは、ビークマン卿夫人のもつダイヤモンドのティアラ。一方、外見重視のドロシーは、探偵、アーニーのことが気になり始める。しかしガスの父親が雇ったこの探偵アーニーの目的はローレライの素行を調べること。そうとも知らないドロシーは、色男の彼に惹かれていくのだった…。

　パリのホテルに到着した２人は、ビークマン卿のティアラをめぐる盗難事件で裁判に巻き込まれてしまう。ローレライとドロシーはこの難局をどうやって切り抜けるのか。ドロシーがローレライに成りすまして出廷してしまったり、いきなり法廷で『ダイヤモンドは女の子の一番の友』を歌ってしまったり、ハチャメチャな手段で解決に挑む。さてさて法廷の行方はい

"..just about the time Piggy was squeezing the goat..."

"Ooh, la la!"

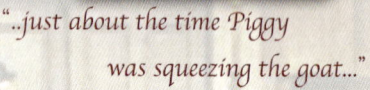

かなる方向へ向かうのか。そして、気になるローレライとドロシーそれぞれの恋の結末やいかに。

　本映画はアニタ・ルースの書いた小説『Gentlemen Prefer Blondes』(1925)が原作となり、それをもとに1949年にブロードウェイ用に作られた同名の戯曲を映画化したものである。アニタ・ルース自身が豪華客船でヨーロッパに渡った際、オリンピックチームも同じ船に乗っていた経験が盛り込まれている。映画公開は米国で1953年1月、日本では同年の8月である。

　監督は『暗黒街の顔役』(Scarface, 1932)、『ヨーク軍曹』(Sergeant York, 1941)、『赤い河』(Red River, 1948)など数々の傑作を生み出した伝説の巨匠、ハワード・ホークスである。この監督の才能は西部劇、アクション、コメディからヒューマンドラマや恋愛ものまで多岐に渡り、1975年にはアカデミー名誉賞を受賞している。

　主演は『7年目の浮気』(The Seven Year Itch, 1955)、『お熱いのがお好き』(Some Like It Hot, 1959)など多数の傑作に出演し、誰もがご存知のマリリン・モンロー。当時モンローは『ナイアガラ』(Niagara, 1953)でモンローウォークを披露し映画が大ヒット。それを受けて映画会社20世紀フォックスは本映画の主演として、当初名前が挙がっていたベティ・グレイブルではなく、人気上昇中でもありギャラも安かったマリリン・モンローを起用することにしたのだった。

　ちなみに、本映画を観た方の中

"Why, thank you ever so!"

には「モンローの髪の色って本物?」という疑問を抱かれる方がいるのではないだろうか。みなさんをがっかりさせるつもりはないが、この金髪、実は生まれつきではない。当時金髪への人気が高く、仕事が欲しかったモンローがもともとの茶髪から金髪へ変えたのである。

もう一人の主演は、『ならず者』(*The Outlaw*, 1943)、『熱い血』(*Hot Blood*, 1956)などに出演し、セクシー女優として有名なジェーン・ラッセルである。ちなみに話題の女優2人がダブル主演ということで、嫉妬、ねたみ、犬猿の仲等のスキャンダルを期待される方もいらっしゃるだろうが、2人の仲は理想的な関係だったようだ。この話の詳細は次のコラム「この映画の魅力」でじっくりと。

本映画と言えばやはりミュージカルシーン。特に『ダイヤモンドは女の子の一番の友』は圧巻!ピンク色の煌びやかなドレスをまとい歌うシーンはマドンナの『マテリアルガール』をはじめ、数々の場面でオマージュされているほか、数々のシンガーによってカバーされている。『バイバイ・ベイビー』も人気のある歌であり、たくさんの歌手に歌われ6週以上も音楽チャートにランクインしていた。

煌びやかなショーあり、楽しい笑いありの傑作ミュージカル・コメディ。2人の超美女に最後まで目が離せない!

日比野彰朗

この映画の魅力

"Now, please try to make a good impression."

　この映画の魅力は何かと言われればなんといっても2人の超美人女優、マリリン・モンロー（ローレライ役）とジェーン・ラッセル（ドロシー役）ではないか。2人の圧倒的な存在感がこの映画を文字通り燦然と輝かせているのだ。本作が50年以上経った今でも色褪せない煌きをもつのは、彼女たちの普遍的な魅力によるものであると言っても過言ではない。

　マリリン・モンローと言えば、知らない人がいないくらいの伝説の女優である。スカートが風にふわっと舞っているポスター（映画『七年目の浮気』）は誰もが見たことがあるだろう。『アスファルト・ジャングル』、『イヴの総て』で注目され始め、『ナイアガラ』で主演を果たした。腰を左右に振って歩く印象的な歩き方、モンロー・ウォークはこの映画で生まれた。その美貌と挑発的な仕草、魅惑の笑みに世界中が魅了される。そして、本作『紳士は金髪がお好き』や『七年目の浮気』で誰もが認めるトップスターに上り詰めたのである。この映画を見ると、おバカで可愛

Movie attraction

"Though I'll be gone for a while, I know that I'll be smilin'..."

"You remember Mr. Esmond, don't you, dear?"

いお嬢さんのイメージが強いが、実は仕事に対しての熱意は相当のものであった。どういったポーズがチャーミングに映るかという研究、美の追求など、ストイックな姿勢が成功の影にはあったのだ。モンローは私生活でも世間を賑わせていた。1度目の結婚は16歳の時。2度目は当時ニューヨーク・ヤンキースの有名選手との結婚。しかし1年も経たず離婚。その後劇作家との結婚。ケネディ大統領との不倫関係。そして36歳での謎の死は多くの波紋を呼ぶ。天真爛漫でチャーミングな姿とは裏腹に、ナイーブで繊細な面があり、精神的に不安定であったようだ。人間的な弱さと強さを合わせ持っていたことが、彼女の魅力をより一層引き立てたのではないだろうか。

ジェーン・ラッセルは『紳士は金髪がお好き』以前から女優としてすでにかなりの人気を博していた。1943年の『ならず者』で主演を果たし、長い脚と理想的なくびれ、完璧な美貌で一躍有名になった。今でこそ『紳士は金髪がお好き』といえば、マリリン・モンローとい

"No bows, honey, just eight bars and off."

うイメージが強いが、実は当時のジェーン・ラッセルはマリリン・モンローの何倍もの出演料をもらうくらいの人気女優だったのだ。なので当然、出演者クレジットはジェーン・ラッセルが最初にきている。姉御肌気質で、映画製作中もマリリン・モンローを常にリードし、サポートしていた。マスコミは、2人の不仲を期待していたようであるが、その期待を大きく裏切り、この真逆の性格の2人は仕事でもプライベートでも良好な関係だったようだ。その仲のよさが、この映画の2人の暖かい友情関係にも大いに影響しているように思える。

　真逆の魅力をもつ強烈な美女2人から目が離せない！そしてこの2人だからこそ着こなせる煌びやかなドレスの数々もお見逃しなく！

日比野彰朗

"A pleasure I'm ever so sure."

"I thought it was his diamond mine."

"Gus is jealous without pictures. If he sees that, then he'll be absolutely unreasonable."

"Yes, he will."

"Here you are Mr. Malone, specialty of the house."

"Bottoms up."

キャスト

Marilyn Monroe／マリリン・モンロー

1926年6月1日カリフォルニア州ロサンゼルス生まれ、1962年8月5日没。生まれる前に父親は蒸発、母親は精神病を患い入退院を繰り返していたため、孤児院や里親の下を転々とする幼少期を過ごす。偶然雑誌に掲載された写真が話題となりモデル活動を開始。1954年に2人目の夫、ジョー・ディマジオとの新婚旅行で来日。『七年目の浮気』(1955)などのヒット作によりセックスシンボルとしてのイメージが定着するが、演技力でも評価を得るべく演劇を一から学び直し、『バス停留所』(1956)で望みどおりの賞賛を得る。華やかな成功の裏で常に精神不安に苛まれていた彼女は、36歳の若さで急逝する。

Jane Russell／ジェーン・ラッセル

1921年6月21日ミネソタ州ベミジ生まれ、2011年2月28日没。『アビエイター』(2004)のモデルとしても有名な実業家、ハワード・ヒューズ監督の目に留まりヒロインに抜擢された『ならず者』(1943)は、扇情的なシーンが検閲に引っかかり問題となるが、それが反って話題となり大ヒットとなった。順調にグラマー女優としての揺るぎない地位を確立し、『紳士はブルーネット娘と結婚する』(1955)以降は実力派としても評価されるようになる。芯の強い女性で、臆することなく政治的意見を発し、国際的な養子縁組支援、中絶反対運動も熱心に行うなど、敬虔なクリスチャンとしての信念を貫いた人であった。

Cast

Charles Coburn ／チャールズ・コバーン

1877年6月19日ジョージア州メーコン生まれ、1961年8月30日没。トレードマークの片眼鏡は伊達ではなく実用的な理由で愛用していた。最初の妻とともに舞台ひとすじの俳優として幾多のショーに出演し、彼女の死後、ハリウッドからのオファーをようやく引き受け、61歳で銀幕デビュー。『The More the Merrier』(1943)で第16回アカデミー賞助演男優賞を受賞。亡くなる一週間前まで舞台に立ち、生涯現役として活躍し続けた。

Elliott Reid ／エリオット・リード

1920年1月16日ニューヨーク生まれ、2013年6月21日没。10代の頃からラジオアナウンサーとして活躍。1937年にオーソン・ウェルズ主宰の劇団員として初舞台を踏む。演技以外も多才で、ウィットにとんだ政治批判が評判となりトーク番組にレギュラー出演したり、十八番のケネディ大統領の物まねを本人の前で披露したときなどは、大統領も大変ご満悦であったとか。主な出演作は『風の遺産』(1960)など。

Tommy Noonan ／トミー・ヌーナン

1921年4月29日ワシントン州ベリンガム生まれ、1968年4月24日没。映画や舞台での活躍を続ける一方、当時歌手・俳優として活動していたピーター・マーシャルと結成したコメディコンビでも人気を博すようになる。間抜けで憎めないローレライの婚約者を演じた本作は、『スタア誕生』(1954)と並んで彼のキャリアにおいて最も高い評価を受けた作品のひとつとなった。

💎 この映画の英語について

"Bye-Bye Baby"

　この映画は、1953年にアメリカで公開されたミュージカル・コメディである。舞台は当時のアメリカであり、全体にカジュアルで少しレトロなアメリカ英語が使用されている。全般に平易で分かりにくい表現はあまりなく、堅苦しい言い回しも使われていない。登場人物の話し方も比較的聞き取りやすく、英語学習に適した映画だと言えるだろう。

　それぞれの登場人物が話す英語に関しては、その人物の所属する"class"を表していると言うことができる。アメリカは新しい国であるためイギリスのような階級は存在しないと言われるが、実際には経済レベルの格差が存在し、それが使用する英語にも影響を与えている。映画の中では、マリリン・モンローが演じるローレライは、自分が上流階級に仲間入りをしたいために気取った英語を話す。彼女がよく言う"Thank you ever so."はマリリン・モンローの代表的な台詞としても有名であるが、優雅で女性的な雰囲気がある。特にマリリンが独特の甘いウイスパーボイスでそう言うと、とても魅力的である。それに対して友人のドロシーはお上品ぶるのが嫌いなため、わざと蓮っ葉な話し方をしているように感じられる。登場人物の中にはアメリカ英語以外を話す者も

Movie English

"Ain't There Anyone Here For Love?"

いて、ビークマン卿は"By George"を口癖にして、イギリスの中産階級であるということを感じさせるし、フランス人の給仕長はフランス語訛りの慇懃な英語を話す。様々な国の英語を聞き比べるのもよい勉強になるだろう。

また、映画の舞台がフランスに移ってからは、フランス語混じりの英語やフランス訛りの英語が多く聞かれる。"bonjour（ボンジュール）"や"mademoiselle（マドモアゼル）"などは日本人にもなじみがある単語だが、"je regretted it more than vous（私は君以上に残念だよ）"などのように、フランス語混じりの英文になってくるとちょっと難しい。しかし、我々日本人が会話の中で日常的に英単語を使うように、英語話者は日常的にフランス語を使用するので、英語学習者であっても基本的なフランス語は覚えておいても損はないだろう。

全編にわたって挿入されているマリリン・モンローやジェーン・ラッセルによる歌もこの映画の魅力の一つであるが、こちらもセリフ同様、全体的に一つ一つの言葉がはっきり発音されていて聞き取りやすく、楽しみながら英語特有の音の表現に触れることができる。例えばジェーン・ラッセル演じるドロシーが歌う"Ain't There Anyone Here For Love?"の中には、"Need

"*Diamonds Are a Girl's Best Friend*"

some chappy, To make me happy" とか、"I like big muscles, And red corpuscles" など、典型的な韻を踏んだ形式がある。ちなみに、この歌の最後にドロシーはプールに落ちるのだが、これはアクシデントであり、意図したものではなかったと言われている。また、当初はマリリン・モンローの歌は、当時数々のミュージカル映画でスター女優の吹き替えを担当したマーニ・ニクソンが吹き替えるはずであったが、結局、"Diamonds Are a Girl's Best Friend" の冒頭でオペラ風に歌う "no, no, no" と "These rocks don't lose their shape, diamonds are a girl's best friend" などが吹き替えとなっただけで、後はすべてマリリン・モンローの歌声が使用された。注意深く聞くと2人の声の違いが分かるだろう。なおこの歌は、American Film Institute で「映画史上の12大映画楽曲」に選ばれている。

　このように、この映画は英語学習者にとって分かりやすく、楽しみながら英語を学ぶことができる絶好の教材である。ぜひ本書を存分に活用して、楽しく英語を身につけて頂きたい。

岸本真里

リスニング難易度表

　スクリーンプレイ編集部が独自に採点したこの映画の「リスニング難易度」評価一覧表です。リスニングのポイントを9つの評価項目に分け、通常北米で使われている会話を基準として、それぞれの項目を5段階で採点。また、その合計点により、映画全体のリスニング難易度を初級・中級・上級・最上級の4段階で評価しました。評価の対象となったポイントについては、コメント欄で簡単に紹介されています。英語を学ぶ際の目安として参考にしてください。なお、映画全体の英語に関する詳しい説明につきましては、「この映画の英語について」をご参照ください。

評価項目	易 → 難	コメント
会話スピード Conversation Speed	Level 2	歌の場面では早い箇所もあるが、全体を通して、ややゆっくり。
発音の明瞭さ Pronunciation Clarity	Level 2	多くは明瞭だが、フランス人が話す英語は聞きづらいことがある。
アメリカ訛 American Accent	Level 1	一般的なアメリカ英語である。
外国訛 Foreign Accent	Level 3	フランス人の英語はやや訛りが強い。
語彙 Vocabulary	Level 2	現在では使わない言葉がいくつかみられる。
専門用語 Jargon	Level 2	クルーズ船や裁判にまつわる用語が用いられる。
ジョーク Jokes	Level 3	ローレライとドロシーは、たびたびユーモアを交えて話す。
スラング Slang & Vulgarity	Level 2	ピッギーは、古い英国英語スラングをよく使う。
文法 Grammar	Level 2	ローレライは上流階級にみせかけるためにきちんとした文法を取り入れている。

全体的に標準的な英語が用いられる。しかし、フランス人が話す英語とクルーズ船に関わる専門用語は慣れていないと聞き取りづらい。制作から半世紀以上が経過した映画のため、現在ではあまり使用されない言葉も散見する。

| TOTAL SCORE : **19** | 9〜16 = 初級 | **17〜24 = 中級** | 25〜34 = 上級 | 35〜45 = 最上級 |

リスニング力アップ!!

映画DVDで英会話学習

- 一切の字幕なしでDVD鑑賞
- 実生活でも使える決まり文句
- 好きな映画スターの「生の声」に親しめる
- 独特なイントネーションや抑揚が分かる
- 挿入歌は絶好の発音練習

映画シナリオと併用して「英語学習」を極めることができます。
◆完全シナリオがあれば、聞き取れなかったセリフが文字で確認できます。◆DVD日本語字幕では不完全な、映画セリフの正確な意味が分かります。◆いろいろな単語のさまざまな意味、使用方法、使用場面が学べます。◆英語構文、熟語、文法、イディオム、同意語など英語学的に学べます。◆シナリオ類を読み物として活用すればリーディングの勉強にもなります。

映画英語解説書と併用して「発展学習」ができます。
◆外国特有のジョーク、スラング、ユーモア、比喩などが学べます。◆外国の生活、文化、芸術、歴史、民族、思想、政治などが学べます。◆マザーグースなど外国のおとぎ話などネイティブの生活知識が学べます。◆教育学、医学英語、法律英語、経済英語など専門英語も学べます。◆映画シナリオの書き方、映画の作り方など画面知識も学べます。

★お好きな映画で学習するから、根本的に英語学習が楽しくなります。
★映画で登場する語彙数は標準2,000語以下、約60%が高校必修単語です。
★ストーリーは分かっています、だから「難解」リスニングにはなりません。
★目的別の映画を複数選択すればビジネスなど専門集中学習ができます。
★難易度評価を参考にすれば、能力別の映画で段階的に学習できます。
★映画は口語英語の宝庫です、常に現代英会話の実践的教材になります。
★映画は学校卒業後、社会人になっても生涯学習の英語教材になります。
★最終的には「一切の字幕なしで」映画を楽しめるようになりましょう。

200種類の完全映画シナリオがそろっています。また、さまざまな映画英語の解説書も充実しています。
詳しいご案内は **http://www.screenplay.co.jp/**

お好きな映画DVDを購入する 最寄りのDVDレンタル店 どうぞ

スクリーンプレイ・シリーズについて

『スクリーンプレイ・シリーズ』は、映画のセリフを 100% の英語および日本語訳で編集した完全セリフ集です。また、セリフの『英語学』的な説明ならびに『映画』のさまざまな楽しい解説を編集しています。

【スクリーンプレイ・シリーズの特徴】

◆(完全)セリフを完全に文字化しています。あなたが聞き取れなかったセリフを文字で確認することができます。
◆(正確)DVD 日本語字幕のような省略意訳でなく、忠実に日本語訳しているので、正確な意味が分かります。
◆(説明)左頁で、セリフや卜書きにある単語の意味や語句の英語学的説明があり、英語学習を極めることができます。
◆(解説)右頁に、単語や熟語などの構造・使用方法などの説明から映画シーンのさまざまな解説が編集されています。
◆(読物)『卜書き』を本物映画台本の専門的説明を省き、映画を読み物として楽しめるように執筆しています。
◆(分割)10 に分割し、チャプター毎に DVD の時間表示もしているので、学習したい場面を探しやすくしています。
◆(知識)『この映画の英語について』などの冒頭編集ページや数ヶ所の『映画コラム』で楽しく学習できます。
◆(実践)『覚えておきたいセリフベスト 10』を対象に、繰り返し何度も発声練習しておけば、実生活でも使えます。
◆(無料)『リスニングシート(無料)』を活用すれば、映画別、段階別にリスニング能力のチェックができます。

『ドット・コード』について
【ドットコードとは?】

●グリッドマーク社が特許を有する「ドットコード音声データ再生技術」のことです。通常の文字印刷に加えて、パターン化された微小な黒い点の集合体(ドットコード)を印刷する一種の「二色刷り」です。
●目次ならびに本文英文ページの『セリフ』箇所に印刷されています。ルーペなど拡大鏡で見ると確認できます。
●グリッドマーク社のホームページ「GridOnput」をご覧下さい。http://www.gridmark.co.jp/gridonput.html

【ドットコードはどう使うの?】

●スクリーンプレイが別売している音が出るペン "iPen" と「音声データ」を入手いただくことが必要です。
●ドットコード印刷された本書の部分に "iPen" のペン先を当てると、"iPen" のスキャナーがドットコードを読み取り、内蔵された microSD メモリ内の音声データとリンクして、ペンのスピーカーから『音声』が聴こえるというシステムです。
●さらに詳しい内容は、本書の巻末ページ「iPen の案内」をご覧下さい。

【今までと何が違うの?】

●"iPen" と「音声データ」共用で、DVD なしで音声が聞こえ、本書でリスニング学習が可能となります。
●映画では「チョット早すぎる」という人も、ネイティブのゆっくりとした、クリアな発声で格段に聞き取り安くなります。
(なお、PD =パブリック・ドメインの『映画タイトル』は "iPen" 音声も生の映画音声を採用しています)
●"iPen" で学習した後に、最後はお好きな映画を、英語音声と一切の字幕なしで楽しめるようになりましょう。

『ドット・コード』印刷書籍の使用上のご注意
<本書の取り扱いについて>

■ドット印刷箇所に鉛筆、油性ペンなどで文字や絵を書いたり、シールなどを貼ったり、消しゴムでこすったりしないでください。"iPen" が正常にドットコードを読み込まなくなる恐れがあります。
■水などの液体に十分ご注意ください。紙面が濡れたり、汚れたりすると読み込み不良の原因となります。
■購入時に正常だった書籍が、ドットコード異常になった場合、返品やお取り替えの対象となりません。

<音声再生について、等>

■紙面にペン先を当てる際は、確認音声が終わるまでしっかりと "iPen" に読み込ませてください。読み込み時間が十分でないまたは適切な使用方法でない場合、再生音声が途切れるなど動作不良の原因となります。
■本書の印刷以外に "iPen" のペン先を当てても音声は再生されません。
■スクリーンプレイが発売している「音声データ」以外のデータで "iPen" をご利用になられた場合、"iPen" 本体ならびに「音声データ」の故障の原因となります。その際、当社は一切の責任を負いかねますのでご了承ください。また、不正に入手された「音声データ」の場合も同様です。

本書のご利用にあたって

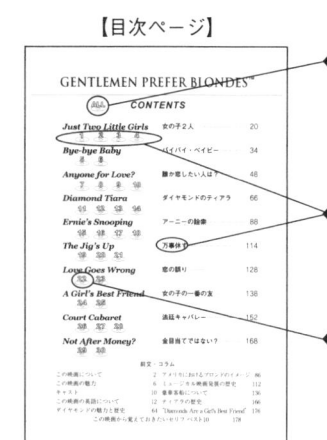

【目次ページ】

◆ **ALL マーク**

これが本書の英語セリフ音声全再生マークです。特殊なドットコードが印刷されています。ですから、マークに"iPen"の先端を当てると、該当映画の本文英語セリフ音声を全て通してお聞きいただけます。

◆ **本書の章分類**

本書シリーズの章分類は、従来から原則的に 10 章に分割して編集しています。章題名の英文と日本文はスクリーンプレイによるものです。

◆ **1 マーク**

これが本書のチャプターマークです。全て日本で発売されている標準的 DVD に準拠しています。全再生マークと同様に、"iPen"の先端を当てると、該当チャプター分の本文英語セリフ音声をお聞きいただけます。

【本文ページ】

◆ **1 マーク**

上記説明と同様です。

◆ **英文文字（セリフ）**

英文文字（セリフ）に"iPen"の先端を当てると、該当したセリフ音声が聞こえます。

原則として、初めの「:」から文章の終わりまでです。

また、同一人物の長いセリフの場合、分割して編集していますから、次の「:」で行替えになる直前までです。

◆ **Pen マーク**

"iPen"での外部音声録音記憶用の「空白」ドット番号です。録音方法その他は、本書巻末ページ「スクリーンプレイ iPen の案内」をご覧下さい。

【時間表示について】

本書各章の冒頭に印刷してある時間は、その映画シーンをサーチ(頭出し)するための「目安」です。
表示されている時間は、映画の開始時点を [00:00:00]（ゼロ点）とした上での通過時間を表示しています。但し、ご使用になられる DVD、ブルーレイなどの映画ソフトならびに再生機器の機種により表示が異なる場合があります。この場合、「□□□□」欄にご使用機種の独自のカウンター番号をご記入ください。

GENTLEMEN PREFER BLONDES™

CONTENTS

Just Two Little Girls ① ② ③ ④　　女の子2人 ……… 20

Bye-bye Baby ⑤ ⑥　　バイバイ・ベイビー ……… 34

Anyone for Love? ⑦ ⑧ ⑨ ⑩　　誰か恋したい人は？ ……… 48

Diamond Tiara ⑪ ⑫ ⑬ ⑭　　ダイヤモンドのティアラ ……… 66

Ernie's Snooping ⑮ ⑯ ⑰ ⑱　　アーニーの詮索 ……… 88

The Jig's Up ⑲ ⑳ ㉑　　万事休す ……… 114

Love Goes Wrong ㉒ ㉓　　恋の誤り ……… 128

A Girl's Best Friend ㉔ ㉕　　女の子の一番の友 ……… 138

Court Cabaret ㉖ ㉗ ㉘　　法廷キャバレー ……… 152

Not After Money? ㉙ ㉚　　金目当てではない？ ……… 168

前文・コラム

この映画について ……… 2
この映画の魅力 ……… 6
キャスト ……… 10
この映画の英語について ……… 12
ダイヤモンドの魅力と歴史 ……… 64
アメリカにおけるブロンドのイメージ ……… 86
ミュージカル映画発展の歴史 ……… 112
豪華客船について ……… 136
ティアラの歴史 ……… 166
"Diamonds Are a Girl's Best Friend" ……… 176
この映画から覚えておきたいセリフ ベスト10 ……… 178

Just Two Little Girls

INT. THEATER – NIGHT – DOROTHY SHAW and LORELEI LEE *appear on stage wearing identical sparkling red dresses and begin dancing and singing "A Little Girl From Little Rock".*

A Little Girl From Little Rock
→ p47

BOTH : We're just two little girls
From Little Rock

Little Rock　リトル・ロック ◎

We lived on the wrong side
Of the tracks

the wrong side of the track ◎

But the gentlemen friends
Who used to call

used to　〜したものだ ◎

They never did seem to mind at all

seem to　〜のように思われる ◎
mind　気にする

They came to the wrong side
Of the tracks

LORELEI : Then someone broke my heart

break one's heart　泣かせる

In Little Rock
So I up and left the pieces there

up and do　突然〜する

Like a little lost lamb I roamed about

like a little lost lamb ◎
lamb　子羊 ◎
roam about　彷徨う ◎
find out　わかる ◎

I came to New York and I found out

BOTH : That men are the same way everywhere

the same way　同じ様
everywhere　全ての場所で、どこでも
determine　決心する
wine　ワインでもてなす
dine　ご馳走をする
ermine　毛皮の服を着せる ◎

I was young and determined
To be wined and dined and ermined
And I worked at it
All around the clock

DOROTHY : Now one of these days
In my fancy clothes

fancy　豪華な ◎
clothes　衣服 ◎
punch the nose ◎

I'm goin' back home and punch the nose

BOTH : Of the one who broke my heart
LORELEI : The one who broke my heart

20

女の子2人

DVD　00:00:00
□□□□□□

屋内－劇場－夜－ドロシー・ショーとローレライ・リーがおそろいの光る赤いドレスを着て最初のダンスと歌を始める。

二人	：私たち二人の女の子
	リトル・ロックから来たの
	貧しい地域で
	育ってきたの
	でも、紳士の友人達は
	よく訪ねてきてくれた
	彼らはまったく気にしないようだったわ
	彼らは私たちの貧しい地域に
	来てくれた
ローレライ	：それから恋に破れたの
	リトル・ロックにいた時に
	そして私は心のかけらを置き去りに町を出た
	迷える子羊のように私は彷徨い
	ニューヨークに来た、そして分かったの
二人	：男はどこでも同じだってことが
	若かった私は決心したの
	ワインやご馳走に
	毛皮の服をまとった生活を送ることを
	そして私は四六時中働いた
ドロシー	：今度
	豪華な服を着て故郷に帰り
	驚かせてやるわ
二人	：私をふったあの人を
ローレライ	：私をふったあの人を

■ Little Rock
米国アーカンソー州の州都。同州では最も規模が大きい都市。アーカンソー州知事、第42代米国大統領を歴任したビル・クリントンが住んでいたことでも有名。

■ the wrong side of the track
「貧しい地域」の意味。線路の片側に貧しい地域が多かったことから。

■ used to
過去の習慣を表す。
ex. I used to go to the park near my house.（私の家の近くの公園によく行ったものだ）

■ seem to
ex. This apple seems to be sweet.（このりんごは甘そうだ）

■ like a little lost lamb
同じ文字から始まる単語を並べる頭韻法（alliteration）という文学の技法。音読すると、軽快なリズムを生みだすため、歌詞や詩でよく使われる。

■ lamb
羊の総称は sheep、去勢しない雄は ram、去勢した雄は wether、雌は ewe と言う。

■ roam about
類語としては wander がある。

■ find out
「隠された、または知られていない事実を見つけ出す」という意味が根底にあり、「（努力の末に）探り出す、気が付く、知る」という意味。

■ ermine
もともとは名詞でオコジョというイタチ科の毛皮を意味する。昔は貴族が着ていた毛皮。ここでは動詞として使われている。

■ fancy
高級な、豪華なという意味で、日本語として使われている「かわいらしい」というイメージとは少し異なる。
ex. fancy restaurant（高級なレストラン）

■ clothes
cloth だと、布の意味であるが、複数形にすることで、衣服の意味になる。

■ punch the nose
直訳すると「鼻を殴る」であるが、ここでは比喩で「驚かせる」くらいの意味。

BOTH	: The one who broke my heart	
	In Little Rock	
	Little Rock, Little Rock	
	Little Rock	

② *Title credits appear on screen.*

title credits ◑
appear 現れる

CHORUS	: But little rocks	rock 宝石 ◑
	Or square rocks	square 角張った ◑
	These gals must have their rocks	gal 女の子 ◑
	Diamonds are a girl's best friend	must 〜に違いない
LORELEI	: I learned an awful lot in Little Rock	awful ひどい ◑
	And here's some advice	advice 助言, アドバイス ◑
	I'd like to share	share 共有する
	Find a gentleman	
LORELEI	: Who is shy or bold	shy 内気な
	Or short or tall	bold 大胆な
	Or young or old	
BOTH	: As long as the guy's a millionaire	as long as...a millionaire ◑
	For a kid from a small street	
	I did very well on Wall Street	Wall Street ◑
	Though I never owned a share of stock	though 〜だけども
	And now that I'm known	own 所有する
	In the biggest banks	
	I'm a-goin' back home	a-goin' ◑
	And give my thanks	give my thanks ◑
	To the one who broke my heart	
LORELEI	: The one who broke my heart	
BOTH	: The one who broke my heart	
	In Little Rock	

二人 ： 私をふったあの人を
　　　　　リトル・ロックにいた頃に
　　　　　リトル・ロック、リトル・ロック
　　　　　リトル・ロック

クレジットタイトルが画面上に現れる。

コーラス ： でもリトル・ロックは
　　　　　つまり、角張った小さい石
　　　　　女の子達はこの石を必ず手に入れるの
　　　　　ダイヤモンドは女の子の一番の友

ローレライ ： リトル・ロックではつらいことをたくさん経験したわ
　　　　　そして共有したいの
　　　　　あるアドバイスを
　　　　　それは紳士を探すことよ

ローレライ ： その紳士が内気でも大胆でも
　　　　　背が低くても高くても
　　　　　若くても年寄りでも

二人 ： その人がお金持ちならそれでいい
　　　　　貧しい通り出身の子にとっては
　　　　　ウォールストリートなんて上出来よ
　　　　　株なんて持ったことないけれど
　　　　　今ではもう私は知られているのよ
　　　　　大きな銀行でも
　　　　　地元に帰って
　　　　　お礼を言うのよ
　　　　　私をふったあの人に

ローレライ ： 私をふったあの人に
二人 ： 私をふったあの人に
　　　　　リトル・ロックにいた頃に

■ title credits
映画やテレビなどで、監督・製作者・配役などの指名を列挙した字幕のこと。credits、credit title とも言う。また、本篇終了後に流れるエンドロールに限定する場合は、end credit roll、the end credits を使う。

■ rock
ここでは「宝石」の意味。地名の Little Rock と宝石の意味の rock を掛けている。

■ square
「正方形、四角い」という意味があるが、ここでは、石を修飾しているため「角ばった」くらいの意味がよい。

■ gal
girl の変形。

■ awful
「ひどい、恐ろしい」という意味。似た意味では terrible という単語も用いる。語源的に考えると awe(畏怖、恐れ)が ful(いっぱいある)の状態である。

■ advice
助言という意味の名詞で使う場合、複数形にはしない。通知文書の意味で使う時は複数形にしても良い。
ex. My father gave me some useful advice.（父は私に役立つ助言をくれた）
また「助言をする」という動詞では advise と綴りが変化する。

■ as long as...a millionaire
as long as…で「でありさえすれば」の意味。
ex. You can stay here as long as you have money.（お金がありさえすれば、あなたはここにいられる）

■ Wall Street
ニューヨークのマンハッタン区南端にある一区画。ニューヨーク証券取引所の所在地であり、米国の金融界そのものを指す比喩表現としても使われる。

■ a-goin'
= going

■ give my thanks
thank は「thank you」のように動詞としてではなく、「お礼、謝意」という意味の（通常複数形で）名詞としても使える。
ex. Today we would like to express our sincere thanks to him for his generous donation.（本日、我々は彼の寛大な寄付に心からの感謝を述べたい）

③ INT. THEATER – NIGHT – *Dorothy and Lorelei go backstage after their performance.*

		backstage 舞台袖
LORELEI	: Dorothy, wait a minute.	wait a minute 少し待って
LORELEI	: Louie, will you ask Mr. Esmond to come back to our dressing room? He's sitting in his usual place.	will you ask...dressing room ↻ usual いつもの place 席 ↻
LOUIE	: Right away, Miss Lee.	right away すぐに
DOROTHY	: What's the rush? He's not gonna run away.	rush 急ぐこと be gonna ～するつもりだ ↻ run away 逃げる
LORELEI	: I know, but I just can't wait.	
DOROTHY	: For what?	for what 何を ↻
LORELEI	: Dorothy, didn't you notice? His pocket was bulging.	bulge 膨らむ
DOROTHY	: Yah! That could be a bag of gumdrops.	gumdrop ガムドロップ ↻
LORELEI	: No. It was square bulge, like a box for a ring. I think he's got a present for me.	ring 指輪
DOROTHY	: You know? I think you're the only girl in the world that can stand on a stage with a spotlight in her eye and still see a diamond inside a man's pocket.	you know あのね, ええと ↻ spotlight スポットライト still ↻
GUS	: Thank you, Louie.	
LORELEI	: Good evening, Mr. Esmond. Won't you, pray, come in?	pray どうぞ ↻
GUS	: Thank you, I'd love to.	
DOROTHY	: Hi, Gus.	
GUS	: Good evening, Dorothy.	
	: You were wonderful tonight, darling. Simply wonderful. You were magnificent!	simply 単純に magnificent 豪華な ↻
LORELEI	: Thank you.	
GUS	: You were good too.	
DOROTHY	: Gee, thanks, Gus. That makes me feel all warm inside.	Gee あらまあ, うわー ↻ That makes me...warm inside ↻

24

屋内 – 劇場 – 夜 – ドロシーとローレライはショーの後で舞台袖へ向かう。

ローレライ	:	ドロシー、ちょっと待って。
ローレライ	:	ルイ、エズモンドさんを楽屋に呼んでくれる？彼いつもの席に座ってるから。
ルイ	:	すぐに、ミス・リー。
ドロシー	:	なんで急いでるの？　彼は逃げないわよ。
ローレライ	:	知ってる。でも待てないの。
ドロシー	:	なんで？
ローレライ	:	ドロシー、気がつかなかったの？彼のポケットがふくらんでいたの。
ドロシー	:	そう。お菓子か何かでしょ。
ローレライ	:	違うわ。角張ってたもの、指輪の箱みたいに。私にプレゼントをくれるんだと思うわ。
ドロシー	:	あのね、世界中であなたしかいないわよ。スポットライトを浴びながら、舞台に立って男性のポケットの中のダイヤモンドが分かるのは。
ガス	:	ありがとう、ルイ。
ローレライ	:	こんばんは、エズモントさん。どうぞ、中へ。
ガス	:	ありがとう、喜んで。
ドロシー	:	こんばんは、ガス。
ガス	:	こんばんは、ドロシー。
	:	今夜はとても素敵だったよ。とてもすばらしかった。最高だったよ！
ローレライ	:	ありがとう。
ガス	:	君もよかったよ。
ドロシー	:	まあ、ありがとう、ガス。心が温まるわ。

■ Will you ask...dressing room?
「ask ＋ 人 ＋ 不定詞」で「人に〜するように頼む」の意味。
ex. I asked him to correct my composition.（私は彼に作文を直してくれるよう頼んだ）

■ place
「劇場・列車・テーブルなどにおける席」を指す語。seat の方が一般的な語である。

■ be gonna
＝ be going to

■ For what?
この文は、前の文の wait を受けており「何を待つことができないの？」という意味である。「wait for 〜（〜を待つ）」の for が疑問詞 what の前に置かれる形になっている。

■ gumdrop
砂糖でコーティングされているゼリー状の飴。

■ you know
well や um と同様に、考えながら話しているとき間をつなぐために用いる。文末で用いて「何しろ〜だから」と念を押すような意味合いが含まれる場合もある。
ex. He is angry, you know.（彼は怒ってるんでね）

■ still
「まだ、いまだに」の意味ではなく、ここでは「それでもなお」の意味で接続詞的に使われている。

■ pray
ここでは、please のように副詞的に用いられている。

■ magnificent
素晴らしいという意味の単語はたくさんあるが、その中でも、この magnificent や、superb, fabulous, fantastic などは感銘を受けている度合いが高い。ガスのローレライに対する賞賛と、ドロシーに向けられた「good」という軽い褒め言葉との対比がおもしろい。

■ Gee
軽い驚きや賞賛を表す語で、女性が用いることが多い。Jesus の遠回しな表現。

■ That makes me...warm inside.
「make ＋ 人 ＋ 動詞の原形」で「人に〜させる」の意味。make は使役動詞であり、強制的に何かさせるというニュアンスが含まれる。
ex. His behavior always makes me laugh.（彼の行動はいつも私を笑わせる）

LORELEI	: Oh! Mr. Esmond!	
GUS	: Is it the right size?	
LORELEI	: It can never be too big. Do you think it's too small, Dorothy?	
DOROTHY	: Looks like it ought to have a highball around it.	ought to ～すべきだ ◎ highball ハイボール ◎
GUS	: I mean, does it fit your finger?	I mean つまり ◎ fit （サイズなどが）合う
LORELEI	: Oh, yes, it fits perfect. Daddy, I'll bet you made me the happiest girl in the world.	daddy パパ ◎
DOROTHY	: I don't know what you do, honey, unless you use Novocaine in your lipstick.	honey ちょっと ◎ unless you use...lipstick ◎ novocaine ノボカイン, 麻酔薬の一種
LORELEI	: Daddy? Daddy?	
GUS	: Huh?	
LORELEI	: May I tell Dorothy?	
GUS	: If you wish.	
LORELEI	: Dorothy, Mr. Esmond and I are going to be married.	
DOROTHY	: To each other?	
GUS	: Of course to each other. Who else to?	
DOROTHY	: Well, I don't know about you Gus. I always sort of figured Lorelei would end up with the Secretary of the Treasury.	sort of いくらか, 多少 ◎ figure 思う, 考える, 判断する end up with → p.51 Secretary of the Treasury 財務省の長官
LORELEI	: Dorothy, guess what? On Saturday we're sailing on the Isle de Paris.	Isle de Paris ◎
GUS	: "Ile" de Paris.	
LORELEI	: We're going to be married in Europe.	
DOROTHY	: Well, why not get married in America, and then go to Europe?	get married 結婚する ◎
GUS	: Well...	
DOROTHY	: Or is that the old-fashioned way?	old-fashoned 時代遅れの
GUS	: Well, we've made our plans and...	

ローレライ	: エズモンドさん！
ガス	: サイズは合ってる？
ローレライ	: えっと、大きすぎることなんてないわよ。小さすぎると思う？　ドロシー。
ドロシー	: ハイボールが必要みたいね。
ガス	: 君の指に合うかってことだよ？
ローレライ	: うん、完璧よ。パパ、間違いなくあなたのおかげで私は世界一幸せよ。
ドロシー	: あなた、口紅にノボカインでも使ってるとしか思えないわね。
ローレライ	: パパ、パパ。
ガス	: ん？
ローレライ	: ドロシーに言ってもいい？
ガス	: 君が望むなら。
ローレライ	: ドロシー、エズモンドさんと私結婚するのよ。
ドロシー	: お互い？
ガス	: もちろんお互いだよ。他に誰がいるんだ？
ドロシー	: だってあなたのことはよく知らないけど、ローレライは財務長官と結婚するんだとずっと思ってたわ。
ローレライ	: ドロシー、聞いて、土曜日に私たちはパリ島号で航海に出るの。
ガス	: パリ号だ。
ローレライ	: ヨーロッパで結婚するのよ。
ドロシー	: えっと、アメリカで結婚してからヨーロッパに行ったらどうかしら？
ガス	: んん…
ドロシー	: それって古い考えかしら？
ガス	: あの、計画を立てたんだけど…

■ ought to
「～すべきである」という意味。
= should; had better
ex. You ought to go to see him. (あなたは彼に会いに行くべきだ)

■ highball
ハイボールはカクテルの一種であり、リキュールを炭酸飲料で割ったもの。

■ I mean
「つまり、いやその」の意味で、挿入的に用いて、話の補足や訂正を示したり、前に言ったことを言い直す時などに用いられる。

■ daddy
父親に対するくだけた呼び方だけではなく、彼氏や夫、お金を援助してくれる年上男性に対する愛情を込めた呼び方としても使用される。この場面では後者の意味。

■ honey
呼びかけで「おまえ、ちょっと」「ねえ」「あなた」いう意味。相手を呼ぶときに使われる。友人同士、恋人同士、親から子どもへなど色々な場面で使うことができるが、男性から女性へ使う場合には主に恋人または配偶者、子どもへが多い。相手への愛情を込めた呼びかけのため、特に訳さない場合もある。

■ unless you use... your lipstick
「unless + S + V」で「もし～でなければ」の意味。if…not…で置き換えることができる場合が多い。
ex. We will go on a picnic tomorrow unless it rains. (雨が降らなければ、明日私たちはピクニックへ行きます)

■ sort of
口語で副詞的によく使われる。

■ figure
「思う、考える、判断する」など様々な意味をもつ単語であり、ここでの意味の他にも名詞で「形、姿、人の影、図、象徴、数字、計算」などの意味がある。動詞でも「図形に表す、比喩で表す、計算する」などの意味がある。

■ Isle de Paris
本来、船の名前は「Ile (イール) de Paris」であるが、教養のないローレライは間違えて「Isle (アイル) de Paris」と発音してしまう。Ile はフランス語、Isle は英語でそれぞれ「島」の意味である。(コラム p.136『豪華客船について』参照)

■ get married
「get married to + 人」で「人と結婚する」の意味になる。「marry + 人」でも同様の意味になる。

DOROTHY: Come in.

LOUIE : Mr. Esmond, long distance call for you.

GUS : Oh, dear.

LOUIE : From Dayton, Ohio.

GUS : Well, thank you very much. I'll be right there. I'll… Must be Father. I hope nothing's happened. I… I'll meet you at my table, dear.

DOROTHY: Father! Never misses, Gus' old man. Right on cue. Too bad, honey.

LORELEI : Nothing's going wrong this time.

DOROTHY: Lorelei, the old boy is not about to let you commit matrimony with his son. I think he'd rather shove him down an elevator shaft.

LORELEI : Dorothy, I'm sailing on Saturday, with or without Mr. Esmond. And I'm not coming back from Europe until he comes and gets me. When we're in France, where his father can't phone him twice a day, well…

DOROTHY: Gus will never let you go alone.

LORELEI : Sometimes Mr. Esmond finds it very difficult to say no to me.

DOROTHY: Well, that's very possible.

4️⃣ *INT. SHIP TERMINAL – DAY – EVANS, a member of the USA Olympic team, calls the roll before boarding the ship for France.*

EVANS : Come on guys, we can't check the roll if you don't stick together.
: Peters?

---

long distance call 長距離電話 ◎

Dayton デイトン市 ◎
Ohio オハイオ州 ◎

old man おやじ ◎
right ◎
right on cue ぴったりのタイミング

old boy 中年男性 ◎
be about to 今まさに～するところだ ◎
let…do ◎
commit matrimony 結婚する
would rather むしろ～したい
shove 突く、押しやる
with or without いようがいまいが
until ～まで
where his father…twice a day ◎

alone → p45
find it…to do ◎

possible あり得る

a member of ～の一員
board （船などに）乗る

roll 出席簿
stick together 集まる

Gentlemen Prefer Blondes

ドロシー　：どうぞ。

ルイ　：エズモンドさん、あなたに長距離電話です。

ガス　：そうか。

ルイ　：オハイオのデイトンからです。

ガス　：ええっと、どうもありがとう。すぐに行くよ。僕は… 父に違いない。何も起きていないことを願うよ。僕のテーブルで会おう。

ドロシー　：父親！　見逃さないわね、ガスのおやじさん。良いタイミングで。最悪。

ローレライ　：今回は大丈夫よ。

ドロシー　：ローレライ、彼の父親はあなたと彼の結婚を許さないわよ。そんなことするくらいだったらむしろ彼をエレベーターシャフトに突き落とすと思うわ。

ローレライ　：ドロシー、私は土曜日に船で出るわ、エズモンドさんがいてもいなくても。そして彼が私を迎えに来るまで帰らないつもりよ。フランスにいれば、彼の父親も1日2回は電話できないわ。それじゃあ…

ドロシー　：ガスがあなたを一人で行かせないわ。

ローレライ　：時にエズモンドさんは私の頼みを断れないの。

ドロシー　：まあ、あり得るわね。

屋内－港－昼－アメリカ合衆国のオリンピックチームの一員であるエバンズがフランス行きの船に乗る前に点呼をとる。

エバンズ　：こちらだ。みんな集まらないと点呼がとれないじゃないか。

　　　　　：ピーターズ？

■ long distance call
ローレライ達はこの時ニューヨークにいるので、オハイオからの電話は市外電話になる。

■ Dayton
米国のオハイオ州南西部の都市。州の中では第4位の規模であり、工業都市である。

■ Ohio
米国中西部にある州。地元に古くから自生しており、州の木でもあるトチノキにちなんで、「the Buckeye State（トチノキ州）」の愛称で知られる。

■ old man
父親を指すくだけた言い方。

■ right
right には様々な意味があり、ここでは副詞として「(前置詞・副詞の前で、時間・位置を示して) ちょうど、すぐ〜」という意味で使われている。他には、形容詞としての「正しい、当然の、適切な」という意味や名詞としての「権利」という意味を持つ。
ex. He brought his chair right next to mine.（彼は自分のいすを私のすぐ隣へ持ってきた）

■ old boy
old man とは違い、くだけた呼称ではなく中年の人を指す表現。

■ be about to
直近の未来を表す表現。
ex. The train is about to depart.（その電車は今まさに出発するところだ）

■ let...do
let は使役動詞であり、「let + 目的語 + 動詞の原形」という形をとる。「〜させる」という訳であるが、許可の意味を表す。
ex. My father let me study abroad.（私の父は私を留学させてくれた）

■ would rather
would rather の後は動詞の原形を置く。
ex. I would rather stay here.（私はむしろここにいたい）

■ where his father...twice a day
where は関係副詞であり、直前の先行詞「France」を説明している。

■ find it...to do
「find + it + 形容詞 + 不定詞」で「〜するのが〜である。」の意味。ここでの it は形式目的語であり、不定詞以下の部分を指している。

PETERS	: Here.	here いますの
EVANS	: Randall?	
RANDALL	: Here.	
EVANS	: Sanford?	
SANFORD	: Here.	
EVANS	: Sims?	
SIMS	: Here.	
SANFORD	: Hey.	
EVANS	: Stevens?	
SANFORD	: Look at that.	
EVANS	: Stevens? Willard J. Stevens?	
STEVENS	: Here.	
EVANS	: Why don't you answer your...	why don't you answer your... の
STEVENS	: I'm busy.	
MAN	: Boy, oh, boy!	boy おやおや の
OFFICER	: Check your passport right over there.	over there 向こうで
MAN 2	: Thank you.	
LORELEI	: Pardon, please. Is this the way to Europe, France?	pardon 失礼ですが, もう一度お願いします Is this the way to Europe, France の
OFFICER	: To where?	
LORELEI	: To...	
DOROTHY	: Not Europe, France, honey. France is in Europe.	
LORELEI	: Who said it wasn't?	
DOROTHY	: Well, you wouldn't say, "Is this the way to North America, Mexico," would you?	
LORELEI	: If that's where I wanted to go I would.	If that's where...I would の
DOROTHY	: The dealer passes.	the dealer passes の
OFFICER	: This ship goes to Cherbourg, France.	Cherbourg シェルブール の
LORELEI	: Thank you ever so. See?	ever so の see ほらね
DOROTHY	: Say, what's all the talent in the blue jackets? That's not a band, is it?	say ねえ, ところで の talent 人材, 人 (集合的に) in the blue jacket の
OFFICER	: No, no, miss. That's the Olympic team. They're sailing with you on this ship.	sail 航海する

Gentlemen Prefer Blondes

ピーターズ	：	はい。
エバンズ	：	ランドール？
ランドール	：	はい。
エバンズ	：	サンフォード？
サンフォード	：	はい。
エバンズ	：	シムズ？
シムズ	：	はい。
サンフォード	：	おい。
エバンズ	：	スティーブンズ？
サンフォード	：	あれを見ろよ。
エバンズ	：	スティーブンズ？　ウィラード・J・スティーブンズ？
スティーブンズ	：	いるよ。
エバンズ	：	返事をしてくれよ。
スティーブンズ	：	忙しいんだよ。
男性	：	おやおや。
係員	：	向こうでパスポートのチェックをしてください。
男性2	：	ありがとうございます。
ローレライ	：	すみません。これはフランスのヨーロッパ行きですか？
係員	：	どこですって？
ローレライ	：	行き先は…
ドロシー	：	フランスのヨーロッパじゃなくて、ヨーロッパのフランスよ。
ローレライ	：	だれがそうじゃないって言うの？
ドロシー	：	それなら、「メキシコの北アメリカ行きですか」って言うかしら？
ローレライ	：	そこに行きたければ、そう言うわ。
ドロシー	：	私の負けよ。
係員	：	この船はフランスのシェルブール行きです。
ローレライ	：	どうもありがとう、ほらね？
ドロシー	：	ねえ、ところで、青いジャケットの人達は？バンドじゃないわよね？
係員	：	違います。オリンピック選手団です。あなた方と同じ船に乗られます。

■ here
学校などで出席をとる際の返事の仕方である。日本人は、日本語的発想で yes と言ってしまいがちであるが、yes はあくまで yes/no で答える質問に対する答えである。

■ why don't you answer your...
= why don't you answer your name?
「どうして返事をしないんだ」「返事をしてくれればいいじゃないか」

■ boy
間投詞であり、oh の後に用いられることが多い。うれしい時にもいやな時にも用いられる。

■ Is this the way to Europe, France?
「これはフランスのヨーロッパへ行くの？」の意味。本来、ヨーロッパのフランスと言う場合、場所の表し方としては、France, Europe というように、先により細かな情報を述べる。ここで順序が逆になっているのはローレライが教養のない女性であることをおもしろおかしく表すためである。

■ If that's where...I would
ここでの where は関係副詞であるが、先行詞の the place が省略されている。

■ the dealer passes
dealer はカジノのディーラーを指す。ここでは、ローレライの不合理な発言に対して打つ手がないことを示し、「私の負け」の意味。

■ Cherbourg
フランス北西部のコタンタン半島の先端にある港を有する都市である。2000年にオクトヴィルと合併し、シェルブール=オクトヴィルとなった。

■ ever so
強調する言い方。"very" の代わりとして使うことができる。
ex. Jenny and I were ever so close to each other. （ジェニーと私はとても仲が良かった）

■ say
呼びかけに使われ、「ねえ、ところで、ちょっと」という意味。

■ in the blue jacket
in ～で、「～を身にまとっている」という意味を表す。例えば、a girl in white で、「白い服の少女」となる。

DOROTHY: The Olympic team?
OFFICER : Yes.
DOROTHY: For me? Now, wasn't that thoughtful of somebody? Dibs on the shot-putter.
GUS : Dorothy Shaw! I want you to remember you're supposed to be the chaperone on this trip.
DOROTHY: Now, let's get this straight, Gus: The chaperone's job is to see that nobody else has any fun. But nobody chaperones the chaperone.
GUS : But Dorothy…
DOROTHY: That's why I'm so right for this job.
MAN : Passports, please.

DETECTIVE: Oh, I thought you're gonna be late. Here's your ticket. They're over there at the passport desk.

DETECTIVE: The one you're after's the blonde. The brunette's her friend, Dorothy Shaw. Never mind about her. We don't care what she does.
ERNIE : I care.
DETECTIVE: Have fun, son.

Dorothy and Lorelei get their passports checked.

EVANS : Come on, please you guys. Move along. Let's get on board.
OFFICER 2: Have a nice trip.

EVANS : Steve, suppose the ship hit an iceberg and sank. Which one would you save from drowning?
STEVENS : Those girls couldn't drown.

---

thoughtful 思いやりのある

dibs ものを取る権利
shot-putter 砲丸投げの選手
remember 覚えておく

be supposed to ↻
chaperone お目付役 ↻
trip 旅行 → p35

get this straight ↻

nobody else その他に誰も(〜ない)

That's why そういうわけで〜 ↻
right 適している

here is your ticket ↻

after 〜のあとを追って
brunette ブルネットの女 ↻
never mind 気にしないで
care 気にする

have fun 楽しむ
son ↻

get their passport checked ↻

come on こちらに来て
move along (命令形で)立ち止まらないで進め
get on (乗り物に)乗る
have a nice trip 良い旅を

suppose もし〜ならば ↻
would ↻
save 救う
drown 溺れる

ドロシー	: オリンピック選手団？
係員	: はい。
ドロシー	: 私のために？　どなたかからの心遣いかしら？　砲丸投げの選手は私のものよ。
ガス	: ドロシー・ショー！　君にはしっかり心に留めておいてほしいんだが、この旅の間は、君は彼女の監視役をすることになってるんだよ。
ドロシー	: それじゃ、話を整理しましょう、ガス。監視役の仕事は誰も彼女にちょっかいを掛けないよう見張ればいいのよね。でも監視役は誰にも監視されないわよね。
ガス	: でもドロシー…
ドロシー	: だったら私はとっても適任よ。
男性	: パスポートをお願いします。
探偵	: 乗り遅れてしまいそうじゃないか。チケットだ。彼らは向こうのパスポートデスクにいるぞ。
探偵	: お前がつけるのは、あの金髪の女だ。褐色の髪の女は友人のドロシー・ショーだ。彼女は気にするな。彼女が何をしようと我々は気にしない。
アーニー	: 私は気になる。
探偵	: 楽しんでこいよ。

ドロシーとローレライはパスポートのチェックを受ける。

エバンズ	: みんな、船がでるぞ。乗船しよう。
係員2	: よい旅を。
エバンズ	: スティーブ、もし船が氷山に激突して沈んだら、溺れているどっちの女を助ける？
スティーブンズ	: 彼女たちは溺れないよ。

■ dibs
dibsは口語的に使われる表現である。have dibs on…で、「〜を取る権利をもつ」の意味。
ex. I have dibs on this piece of cake.（このケーキは私のものだ）

■ be supposed to
be supposed toは「〜することになっている」の意味。
ex. He is supposed to hand in the report today.（彼は今日、報告書を提出することになっている）

■ chaperone
元来は、フランス語であり、女性が社交界に初めて出席する際、付きそう年上の女性を意味する。

■ get this straight
「物事を整理する」や「はっきりさせる」という意味がある。「これだけははっきりさせておこう」

■ That's why
「That's the reason why S + V」という文のthe reasonが省略された形。whyは関係副詞。

■ here is your ticket.
「こちらがあなたのチケットです」の意味。

■ brunette
フランス語に由来する語である。ブルネットとは、白人種であり、髪の色と目の色が黒っぽく、時に肌も色黒である人種を指す。brunetは男性、brunetteは女性を指すが、現在米国において区別はない。

■ son
ここでは息子という意味ではなく、年上の男性から年下の男性、もしくは少年に対して使われる呼びかけの言葉として使われている。親子関係がなくとも「my son」と呼びかけることもある。

■ get their passport checked
「get + O + 過去分詞」で「Oを〜してもらう」の意味。この文ではtheir passportがOに当たるため、「パスポートを確認してもらう」の意味になる。

■ suppose
ifと同じく条件の副詞節を導く接続詞。仮定法で用いることもできる。
ex. Suppose you were in my place, what would you do?（もしあなたが私の立場ならば、何をしますか）

■ would
ここでwillの過去形wouldが用いられているのは、この文が、仮定法過去だからである。現実には船が沈むことはまずあり得ないが、仮にあったとしたらという意味合いが込められる。

Bye-bye Baby

5 *INT. SHIP CORRIDOR / LORELEI'S CABIN – DAY – The PURSER leads Lorelei to her cabin for the trip. Several men stare at her the whole time.*

PURSER	:	Right in here, mademoiselle.
LORELEI	:	Thank you.
LORELEI	:	My, it's just like a room, isn't it?
LORELEI	:	Oh, look! Round windows!
GUS	:	Yes, dear. Just put that there, Frisbee.
FRISBEE	:	Yes, sir.
GUS	:	Oh and, Frisbee, wait for me on the pier.
FRISBEE	:	Yes, sir.
GUS	:	Lorelei…
LORELEI	:	Where's Dorothy?
GUS	:	I don't know. Someone whistled at her and she disappeared. I hope she's not gonna be a bad influence on you.
LORELEI	:	Oh, no, lover. Dorothy's not bad, honest. She's just dumb. Always falling in love with some man just because he's good-looking.
GUS	:	Well, dear… That's not…
LORELEI	:	I keep telling her, it's just as easy to fall in love with a rich man as a poor man.

purser 客船係 → p45
trip 旅行
several いくらかの
stare at 見つめる

mademoiselle （仏）

my → p63
it's just like…isn't it

round 丸い

pier 桟橋

whistle 笛をふく
disappear 消える
influence 影響

lover あなた
honest 本当に
dumb 頭が悪い
fall in love with ～と恋に落ちる → p119
good-looking 見た目がよい

keep …ing …し続ける
It's just as easy…as a poor man

34

Gentlemen Prefer Blondes

バイバイ・ベイビー

DVD　00：09：45
□□□□□□

屋内－船内の廊下／ローレライの客室－昼－客船係がローレライを客室へ案内する。何人かの男性が彼女をしばしじっと見つめる。

客船係　：こちらです。お客様。

ローレライ　：ありがとう。

ローレライ　：あらまあ、お部屋みたいね？

ローレライ　：見て！　丸い窓！

ガス　：うん、そうだね。そこに置いてくれ、フリスビー。

フリスビー　：はい。

ガス　：あとフリスビー、桟橋で待っててくれ。

フリスビー　：はい。

ガス　：ローレライ…

ローレライ　：ドロシーはどこ？

ガス　：知らないよ。誰かが口笛で呼んだら、彼女どっかに消えてしまったんだ。彼女が君に悪い影響を与えなければいいが。

ローレライ　：違うわ。ドロシーは悪くないの、本当に。ただ頭が悪いだけ。いつも外見がいいってだけで、男の人に恋しちゃうのよ。

ガス　：あの、それは…

ローレライ　：貧乏な人にもお金持ちにも恋するのは同じくらい簡単だってずっと言ってるのよ。

■ **trip**
色々な旅行を意味する最も一般的な語。journey は通例長期の旅行に用い、形式ばった語。travel は比較的長期の旅行で、space travel や train travel のように時に複合語で用いられる。voyage は船・飛行機・宇宙船による長い旅行を意味し、tour は周遊［観光］旅行を意味する。

■ **stare at**
「じっと見る」という意味であり gaze at と似ている。「見る」と一言で言っても英語には様々な動詞があるのでここで紹介する。look at は意識的にものを見る時に使う。see は無意識に目に入るという感覚である。watch は注意深く見る時に使用される。glance at はちらっと見る感じである。このように「見る」と言っても状況に応じて異なる動詞を使い分けるのである。

■ **mademoiselle**
「お嬢さん、お客様」の意味。頭文字が大文字で使われるときは、フランス語の敬称、英語の Miss にあたる。

■ **it's just like...isn't it?**
文末に isn't it? を付け、付加疑問文にすることで相手に念を押す表現。
ex. This is your book, isn't it?（これはあなたの本ですよね）

■ **disappear**
appear は「現れる」という意味の動詞である。dis は否定や反対を表す接頭辞であり、dis + appear で「消える」の意味になる。

■ **lover**
「あなた」「おまえ」の意味。夫婦や恋人同士の間、子供への愛情を込めた呼び方。

■ **good-looking**
beautiful よりは劣る表現で、幼い子には用いない語。

■ **keep...ing**
ex. You should keep studying to pass the exam.（試験に合格するために勉強しつづけるべきだ）

■ **It's just as easy...as a poor man.**
as ... as 〜で、「〜と同じくらい...だ」という意味を表す同等比較。

35

GUS	: Yeah…	
LORELEI	: But she says, "Yes." But if they're tall, dark and handsome, she never gets around to vital statistics until it's too late.	get around to 手をつける, するに至る ◎ vital statistics 大切なもの ◎
GUS	: Well…	
LORELEI	: That's why I'm her best friend I guess. She really needs somebody like I to educate her.	I guess 思う ◎ educate 教育する
GUS	: Yes, dear. But very few girls have your wonderful willingness to learn.	few ほとんどない ◎ willingness 好意
LORELEI	: I suppose that's true.	I suppose that's true ◎
GUS	: I want you to put this in a safe place.	
LORELEI	: What is it?	
GUS	: A letter of credit.	a letter of credit 信用状 ◎
LORELEI	: Oh, that's real sweet! You started writing me even before I went away.	sweet 優しい ◎ You started...I went away ◎ go away ◎
GUS	: No, no, dear. You see, a letter of credit is like money.	
LORELEI	: Money?	
GUS	: Yes. Just take it to a bank in Paris when you get there.	bank 銀行
LORELEI	: Oh, that's wonderful! Be sure to write me every day. I'll be so lonesome.	be sure to 必ず〜する lonesome 寂しい
GUS	: I bought you a little going-away present, dear.	going-away present お別れのプレゼント I bought you a little going-away present ◎
LORELEI	: Daddy! Daddy! Sometimes I think there's only one of you in the whole wide world.	
ERNIE	: Oh, ah, sorry, wrong room.	
DOROTHY	: Who was that?	

Gentlemen Prefer Blondes

ガス	:	ああ…
ローレライ	:	なのに、背が高くて、浅黒くてハンサムなら彼女はオッケーするの。手遅れになるまでダメ男ってことに気付かないのよ。
ガス	:	あの…
ローレライ	:	だから私が一番の友達なんだと思うわ。彼女には教育してくれる私のような存在が本当に必要なのよ。
ガス	:	うん、でも君のような積極的に学ぼうとする姿勢を持った女の子はほとんどいないんだよね。
ローレライ	:	そうだわね。
ガス	:	これを安全な場所にしまっておいてほしいんだ。
ローレライ	:	何これ？
ガス	:	信用状さ。
ローレライ	:	まあ、なんて優しいの！ 私が行く前に手紙を書いてくれたのね。
ガス	:	違う、違う。いいかい。信用状っていうのはお金のようなものなんだ。
ローレライ	:	お金？
ガス	:	うん。パリについたらそれを銀行に持っていくだけでいいんだよ。
ローレライ	:	まあ、すごい！ 絶対毎日手紙を書いてね。とても寂しくなるから。
ガス	:	小さなお別れのプレゼントを君に買ったんだ。
ローレライ	:	パパ！ パパ！ 時々私思うんだけど、この広い世界であなただけしかいないわ。
アーニー	:	すみません。部屋を間違えました。
ドロシー	:	あれは誰？

■ **get around to**
時間がなかったなどの理由で、後回しにしていたものにようやく手が回るという意味の熟語。to のあとに動詞を使う場合は、原形ではなく動名詞の形をとる。
ex. I finally got around to cutting the grass.（ようやく庭の芝刈りをする余裕ができた）

■ **vital statistics**
「人口統計」の意味もあるが、この場合はそれよりも「とても大切なこと」という意味が適している。

■ **I guess**
「思う」という意味だが、think や suppose と比べると確信の度合いは低く、推量である。

■ **few**
a を伴わずに使われるときは、「少しの～しかない」「ほとんどない」と否定的な意味となる。
ex. Few were surprised by this announcement.（この発表に驚いた者はほとんどいない）

■ **I suppose that's true.**
suppose で「～だと思う」の意味。think は確信度が高いのに対して suppose は確信度が低い。

■ **letter of credit**
貿易決済を円滑化するための手段として、銀行が発行する支払い確約書。

■ **sweet**
= kind; nice
ex. He was such a sweet boy before going to high school.（彼は高校に上がる前まではそれは優しい子だった）

■ **You started...I went away.**
実際にはまだローレライは旅立っていないのに、go が過去形になっているのは、主節の「書いた」という過去形と時制の一致を起こしているためである。

■ **go away**
= leave
ex. She's going away to college after summer.（夏が過ぎたら彼女は大学へ行ってしまう）

■ **I bought you a little going-away present.**
「buy + O1 + O2」で「O1 に O2 を買ってあげる」の意味になる。
ex. My mother bought me a guitar for my birthday.（お母さんは誕生日に僕にギターを買ってくれた）

GUS	: A stranger. He had the wrong room.	stranger 知らない人
DOROTHY	: Yeah, but he's good-looking. Hope he isn't just seeing someone off.	see off ～を見送る
LORELEI	: Dorothy.	
DOROTHY	: Well, quite a little place we have here.	quite a little なかなかの

DOROTHY: Oh, hello fellas. Come on in. Folks, meet the relay team.

fella 男友達
come on in
folks 皆さん

SKEETER: How do you do?
MAN: Nice to know ya.

Nice to know ya

GUS: How do you do?
DOROTHY: We're gonna have ourselves a little bon voyage party. Skeeter, put the phonograph in there.

bon voyage party 出航の パーティー
phonograph 蓄音機

DOROTHY: Come on in, everybody. Use that door. Come on in here. Make yourselves at home. I'll get the glasses.

make oneself at home くつろぐ

MAN 2: Hello.
MAN 3: Who's got the champagne?

champagne シャンパン

MAN 4: Here we are.

GUS: Dorothy Shaw. I'm counting on you to keep those athletes to yourself.

count on 頼る
keep...to yourself
athlete 選手

DOROTHY: What a coincidence! That's my plan too.

What a coincidence

DOROTHY: Gangway! Pardon me. Who needs a glass? Wanna glass?

gangaway どいてどいて
Pardon me
wanna ～したい

GUS: Lorelei, I want to talk to you.
LORELEI: Sure.

talk to ～に話しかける

ガス	:	知らない人だよ。部屋を間違えたんだ。
ドロシー	:	彼、いい男ね。見送りに来ただけの人じゃないといいわ。
ローレライ	:	ドロシー。
ドロシー	:	なかなかの部屋じゃない。
ドロシー	:	どうも、皆さん。中に入って。みんな、リレーチームの人たちよ。
スキーター	:	はじめまして。
男性	:	どうも。
ガス	:	はじめまして。
ドロシー	:	ちょっと出航パーティーをしようと思って。スキーター。蓄音機はそこに置いて。
ドロシー	:	みなさん、入って。そのドアから。どうぞ、入って。くつろいでね。グラスをもってくるから。
男性2	:	どうも。
男性3	:	シャンパンは誰が持ってるの?
男性4	:	どうぞ。
ガス	:	ドロシー・ショー。彼らの相手は君に任せたよ。
ドロシー	:	なんて偶然なの! 私もそう思ってるの。
ドロシー	:	どいて! ごめんね。グラスが欲しい人だれ? あなた欲しい?
ガス	:	ローレライ、話がしたいんだけど。
ローレライ	:	いいわよ。

■ see off
ex. I will see him off tomorrow. (私は明日彼を見送りに行きます)

■ quite a little
ここでは「まずまずの」の意味だが、量が「かなり多い」という意味で使用されることが多い。

■ fella
= fellow

■ Come on in.
Come in だけでも「中に入って」という意味だが、「(ある動作を)続けて、どんどん」という意味を持つonを加えることで、「さあ、どうぞ中に入って」というように、より強調的な表現となっている。

■ folks
もともと「人々」の意味の名詞であるが、people と表すのが一般的である。ここでは、呼びかけで「皆さん」の意味。

■ Nice to know ya.
ya は you のくだけた表現で、親しみを込めた言い方。

■ bon voyage party
bon voyage はフランス語で「良い旅を」の意味。
ここでは船出のパーティーを意味している。

■ Make yourself at home.
「楽にしてください」の意味。主に「自分の家にいるようにくつろいでください」という意味で使われる文句。

■ keep...to yourself
「...を独占する」の意味。
keep には「保管する、預ける」の意味がある。この場合、「選手をあなたに預ける」というのが直訳である。

■ What a coincidence!
「なんて偶然なの!」の意味。感嘆文の形は「What + a + 名詞 + S + V!」であるが、ここではS + Vが省略されている。

■ Pardon me.
= Excuse me.

■ wanna
= want to
主語がheやsheなど三人称単数の場合は、本来wantsとなるので、この短縮形は基本的には使わない。

GUS	: Dear, I want to tell you some...	
GUS	: I want to remind you of something... very.... Stop that, please. It's most distracting.	remind A of B AにBを思い出させる ❂ It's most distracting ❂ distract （気持ち・注意など を）そらす, 散らす
	: Dear, a lot depends on how you conduct yourself on this trip.	depend on ～次第だ ❂
	: As you know, Dad is dead set against our marriage. And well, even the slightest hint of any scandal... even the slightest... I don't know what I could do about it.	as you know 知っての通り dead 完全に, まったく ❂ set against 反対の動きをする slight わずかな, 少しの hint 暗示, ヒント scandal 不祥事
LORELEI	: My goodness, lover. You don't have to tell me that.	My goodness 何てこと, 大変, まあ, あら You don't have to tell me that ❂
GUS	: Oh, I'd give anything in the world if I were sailing with you, baby.	I'd give anything...with you ❂
LORELEI	: Me too. I don't know what I'll do in Europe without you.	
GUS	: I don't know what I'll do without you either.	
LORELEI	: I'm not so sure about that. You can be a pretty naughty boy sometimes.	pretty とても → p111 naughty いたずらな trust 信用する
GUS	: Oh, you don't have to worry about trusting me.	
LORELEI	: I do, though.	though しかし ❂

⑥ *Dorothy starts dancing in a side room with a member of the Olympic team. A PURSER enters the cabin ringing a gong.*

PURSER	: All visitors ashore! First call. All visitors ashore!	ashore 岸へ ❂

ガス	：よく聞いて。僕が話したいのは…
ガス	：君に覚えておいて欲しいんだ… とても… それをやめてくれ。気が散るから。
	：いいかい、この旅で君がどう振る舞うか次第なんだよ。
	：知っての通り、父親は僕たちの結婚に断固として反対してるんだよ。だから、少しでも、ほんの少しでも悪い噂が立ってしまったら…僕はどうしたらいいかわからないんだ。
ローレライ	：大丈夫。言わなくてもわかってる。
ガス	：もし君と一緒に行けたなら、なんでもするのに。
ローレライ	：私も。あなたがいないとヨーロッパで何をすればいいか分からないわ。
ガス	：僕だって君なしでどうしたらいいか分からない。
ローレライ	：それはどうかわからないわ。あなたいたずらっこになっちゃうかもしれないでしょ。
ガス	：そんなこと心配せずに信頼してくれればいいさ。
ローレライ	：それでも心配よ。

ドロシーが隣の部屋でオリンピックチームの選手たちと踊り始める。客船係が鐘を鳴らしながら客室に入ってくる。

客船係	：お見送りの方々、下船してください！ 1回目のコールです。下船してください！

■ remind A of B
「AにBのことを思い出させる、連想させる」という意味。
ex. This photo always reminds me of my school days.（この写真を見るといつも学生時代を思い出す）

■ It's most distracting.
ここではmostにthe がついていないが、こういった場合のmostは「とても」という意味となり直後の形容詞 distracting を修飾している。

■ depend on
ex. The result depends on your effort.（結果は君の努力次第だ）

■ dead
ex. He is dead wrong.（彼は完全に間違っている）

■ My goodness
= Goodness!; Oh, my goodness!
「まぁ、大変 」の意味。その他、Oh my God や Oh my gosh、Oh my dear などという言い方もする。Oh my god は God（神）という言葉が入っているため、頻繁に使うことをあまりよく思われない場合もあるので注意が必要。その場合、God の婉曲表現である Oh my gosh/ goodness や、Oh boy などを使うと良い。

■ You don't have to tell me that.
「～する必要がない」の意味。have to…は「～しなければいけない」の意味になる。
ex. You don't have to tell the truth.（本当のことを言う必要はない）

■ I'd give anything...with you
「S + would + V…, if + S' + V'（過去形）…」は仮定法過去であり「もし～ならば、～だろう」の意味。現在の事実に反する事柄を仮定する用法。

■ though
「しかし」の意味で副詞として使用される。口語表現。
ex. I don't agree with you, though.（でも、僕は君に賛成しないよ）

■ ashore
「岸へ」の意味の副詞であるが、この場面では「船から下りてください。」と乗客に呼びかけている。反対に乗船する際は aboard という副詞を使う。

DOROTHY: Bye-bye, baby

Remember you're my baby

When they give you the eye

Although I know that you care

Won't you write and declare

That though on the loose

You are still on the square?

I'll be gloomy

But send that rainbow to me

Then my shadows will fly

Though you'll be gone for a while

I know that I'll be smilin'

With my baby by and by and by

With my baby by and by

MEN : In the sweet by and by

ALL : Bye-bye, baby, bye-bye

MEN : We'll go meet on the beautiful shore

WOMEN : Bye-bye, pretty baby

You better remember you're my baby

When they give you the eye

My, my!

MEN : Although I know that you care

Won't you write and declare

WOMEN : Declare that though on the loose

You are still staying on the square

DOROTHY: I'll be gloomy

MEN : But send that rainbow to me

WOMEN : Then my shadow will fly

ALL : Though you'll be gone for a while

I know that I'll be smilin'

With my baby by and by and by

Bye-bye, baby → p47

give someone the eye 〜に色目を使う
although 〜だけれども ❍

declare 宣言する ❍

on the loose 放し飼いの状態で
on the square 正直に ❍

gloomy 薄暗い, 憂鬱な

shadow 影

for a while しばらくの間

I know that I'll be smillin' ❍

by and by やがて

go meet 会いにいく ❍

ドロシー	: バイバイ、ベイビー
	あなたは私のもの
	誰かが色目を使っても
	あなたが気にしてくれるのはわかってるけど
	手紙を書いて誓ってくれない？
	離れても
	正直でいてくれるって
	気が滅入るわ
	でもあの虹を送ってくれれば
	私の心の影はどこかへ行ってしまうわ
	あなたはしばらくいなくなってしまうけど
	私は笑顔でいるわ
	そのうちあなたと一緒になって
	そのうちあなたと一緒に
男性達	: 優しい香りに包まれて
みんな	: バイバイ、ベイビー
男性達	: あの美しい海岸で会いましょう
女性達	: バイバイ、かわいいベイビー
	あなたは私のものよ、覚えておいて
	誰かが色目を使っても
	私の、私の！
男性達	: あなたが気にしてくれるのはわかってるけど
	手紙を書いて誓ってくれない？
女性達	: 離れても
	正直でいてくれるって
ドロシー	: 気が滅入るわ
男性達	: でもあの虹を送ってくれれば
女性達	: 私の心の影はどこかへ行ってしまうわ
みんな	: あなたはしばらくいなくなってしまうけど
	私は笑顔でいるわ
	そのうちあなたと一緒になって

■ although
althoughと同じ意味を表す英単語にthoughがある。この2つの用法ほとんど同じと言ってよいが、多少の違いがある。まず、thoughのほうがより口語的な表現である。また、althoughは通常文頭で用いられるのに対し、thoughは文中でもしばしば用いられる。品詞としては、althoughは接続詞のみであるが、thoughには口語で「けれども」という副詞としての用法がある。
cf. I like him, though. (でも私彼のこと好きよ)

■ declare
「表明する、宣言する、公表する」などフォーマルな状況で用いられるイメージが強い言葉であるが、ここでは「自分の立場をはっきりと述べる」という意味で使われている。

■ on the square
squareは「正方形、直角」といった名詞の意味の他に「正直な」という形容詞の意味もある。

■ I know that I'll be smilin'
smilin'はsmilingの省略。will be …ing は未来のある時点での進行中の動作「〜しているだろう」の意味。
ex. It will be raining at this time tomorrow. (明日の今頃は雨が降っているだろう)

■ go meet
「〜しに行く」という意味。go to meet/go and meetの省略形である。意味的な差異はないが、go meetはより口語的でくだけたニュアンスである。

DOROTHY: With my baby by and by

LORELEI : I'll be in my room alone
　　　　　　 Every postmeridian
　　　　　　 And I'll be with my diary
　　　　　　 And that book by Mr. Gideon
　　　　　　 Bye-bye, baby
　　　　　　 Remember you're my baby
　　　　　　 When they give you the eye
　　　　　　 And just to show that I care
　　　　　　 I will write and declare
　　　　　　 That I'm on the loose
　　　　　　 But I'll stay on the square
　　　　　　 I'll be lonely
　　　　　　 But even though I'm lonely
　　　　　　 There'll be no other guy

LORELEI : Though I'll be gone for a while
　　　　　　 I know that I'll be smilin'

LORELEI : With my baby by and by and by
　　　　　　 With my baby by and by
ALL 　　　: I'll be gloomy
　　　　　　 But send that rainbow to me
　　　　　　 Then my shadow will fly

PURSER : All ashore! Last call! All ashore! Last call!

EXT. SHIP DECK – DAY – Everyone goes out on to the deck to wave goodbye to friends and family on the wharf below.

---

alone 一人で

postmeridian 午後

that book by Mr. Gideon 聖書

lonely 一人ぼっちの，孤独な

purser 客船係

deck デッキ
wave 手を振る
wharf 岸壁

ドロシー	:	そのうちあなたと一緒に

ローレライ	:	午後にはいつも
		一人で部屋にいるわ
		日記と聖書を持って
		さようなら、ベイビー
		忘れないで、あなたは私のもの
		誰かがあなたに色目を使っても
		私はあなたを愛しているって言うだけよ
		手紙を書いて誓うわ
		私は離れていても
		誠実でいると
		さみしくなるでしょう
		でもさみしくたって
		他の男になんか目もくれないわ

ローレライ	:	私はしばらく行ってしまうけど
		きっといつも笑顔でいるわ

ローレライ	:	そのうちあなたと一緒になって
		そのうちあなたと一緒に

みんな	:	私は落ち込むでしょうけど
		私に虹を送ってね
		そしたら私の心の影はどこかに行ってしまうわ

客船係	:	下船してください！ 最終のご案内です！下船してください！ 最終のご案内です！

屋外 – 船の甲板 – 昼 – 皆が下の波止場にいる友人や家族に別れを告げるため、甲板に出てくる。

■ **alone**
副詞として使われており、「一人で、単独で」の意味。
ex. They did it alone.（彼らだけでそれをした）

■ **postmeridian**
meridian だけで「正午の」の意味がある。ラテン語で after noon という意味で、p.m. と省略される。午前は before noon という意味の antemeridian で、a.m. と省略される。

■ **that book by Mr. Gideon**
ギデオンとは、旧約聖書に登場するヘブライ人。ホテルなどに置いてある聖書は国際ギデオン教会と呼ばれる団体が配布しており、"PLACED BY GIDEONS" と書かれているため、「ギデオンの本」＝「聖書」と解釈できる。

■ **lonely**
lonely は周囲に（見知った）人がいず孤独を感じてさみしい気持ちを表す。類語の alone は他に（見知った）人がいない状態を表すが、必ずしも寂しいことを含意しない。

■ **purser**
purser は乗客へのサービス全般に関わる仕事である。クルーズには他にも様々なスタッフがいる。本映画で出てくる captain は船長であり、クルーズ運行の責任者である。officer は上級船員全般を指す語である。cabin steward, cabin stewardess は船室の清掃などを行う係である。本映画には出てこないが、他にも、cruise director は船のエンターテインメントに関する責任者、chief engineer は機関長、staff captain は副船長、などがある。ちなみに、crew は船で働く人すべてを指す語である。

ALL	: Though you'll be gone for a while I know that I'll be smilin' With my baby by and by	
ALL	: Bye-bye, baby Remember you're my baby When they give you the eye Although I know that you care Won't you write and declare	Bye-bye, baby ↺
ALL	: That though on the loose You are still on the square I'll be gloomy But send that rainbow to me Then my shadow will fly	
DOROTHY	: Hey, you better go.	you better go ↺
LORELEI	: Don't go.	
OFFICER	: Step back, please.	step back （命令文で）下がって
LORELEI	: Bye, lover!	
ALL	: I know that I'll be smiling With my baby bye and bye and bye With my wonderful baby bye and bye Bye-bye, bye-bye, bye-bye	

みんな	：	あなたはしばらく行ってしまうけど
		私はきっと笑顔でいるわ
		そのうちあなたと一緒になって

みんな	：	さようなら、ベイビー
		忘れないで、あなたは私のもの
		誰かが色目を使っても
		あなたは私を愛していると分かってるけど
		手紙を書いて誓ってくれない？

みんな	：	離れていても
		誠実でいるってことを
		気が滅入るわ
		でも虹を送ってくれれば
		私の心の影はどこかへ行ってしまうわ

ドロシー	：	ねえ、行ったほうがいいわよ。
ローレライ	：	行かないで。
乗組員	：	下がってください。
ローレライ	：	さようなら、あなた！

みんな	：	私はきっと笑顔でいるわ
		ベイビー、さようなら
		私の愛しいベイビー、さようなら
		バイバイ、バイバイ、バイバイ

■ Bye-bye, baby

ミュージカル映画である本作に登場する歌についてここでご紹介しよう。
『紳士は金髪がお好き』は、アニタ・ルース原作の同名小説が舞台化され、1949年にブロードウェイで初演を迎えた。本作でも使用されている曲のうち、舞台化のために作られたものはこの『Bye Bye Baby』、『A Little Girl from Little Rock』、そしてマドンナなど数多くのアーティストによりカバーされている『Diamonds Are a Girl's Best Friend』である。
この3曲は、クリスマスソングの定番『Let It Snow!』の作曲などで知られるJule Styne (1905-1994)、『ブルーハワイ』の作詞で知られる Leo Robin (1900-1984) により書かれた。この二人は舞台版のすべての曲を作詞作曲している。
映画化にあたり、新たに『When Love Goes Wrong』とドロシーのソロナンバー『Anyone Here for Love?』が追加された。どちらも、ジャズのスタンダードナンバー『スターダスト』で有名な作曲家 Hoagy Carmichael (1899-1981) と数々の映画音楽を手掛けオスカーに幾度となくノミネートされた作詞家 Harold Adamson (1906-1980) のペアによりつくられた。
本作のミュージカルとしての秀逸さを物語るかのように、この四人はすべて米国のソングライターの殿堂に名を連ねている。

■ you better go

= you had better go で、had better は「～した方が良い」の意味だが、そうしないと困ったことになる、という含みを持つ。you を主語とした場合は相手への強い勧告や警告を表し、文脈や語調によっては強制や脅迫にもなるので、目上の人に使うと失礼になる。

Anyone for Love?

7 *EXT. SHIP DECK – DAY – Olympic athletes run past Dorothy.*

	past ～を通り過ぎて

ATHLETE 1: Hi.
DOROTHY: Hi.
ATHLETE 2: Hi, Miss Shaw.
ATHLETE 3: What're you gonna be doing…
COACH : All right, you guys, keep moving.

what're you gonna be doing ◎
keep …ing …し続ける

LORELEI : "Mr. Amos Jones and valet."
DOROTHY: What are you doing?
LORELEI : I'm checking the passenger list.
 : "Mr. Alfred Loman and valet."
 : "Mr. Eugene Martin and valet."
DOROTHY: Why the sudden interest in valets?
LORELEI : When a man has "and valet" after his name, he's definitely worthwhile. I'm simply trying to find a suitable gentleman escort for you.
DOROTHY: Well, don't bother. I've just provided myself with about 20.
LORELEI : Dorothy, did you ever hear of a rich pole-vaulter?
DOROTHY: Maybe not. But who cares? I like a man who can run faster than I can.
LORELEI : I hate to think where you'll wind up. You're wasting all your time on unrefined persons without any money.

valet （貴人の身のまわりの世話をする）（男の）従者, 付き人召使い,（ホテルの）ボーイ ◎

passenger 乗客

why the sudden...valets? ◎
sudden 突然の
interest 興味
definitely 明確に, はっきりと, 確実に
worthwhile 価値がある ◎
simply ただ, 単に ◎
suitable 適当な, 相応しい
escort 付き添う
don't bother
bother 思い悩む, 心配する,（否定文で）気にしなくていい
provide oneself with… …を自分で用意する ◎
pole-vaulter 棒高跳びの選手

wind up 終わる, 終了する ◎
waste…on ～に…を浪費する
unrefined 荒削りの, やぼったい ◎

Gentlemen Prefer Blondes

誰か恋したい人は？

DVD 00:18:46

屋外 – 船の甲板 – 昼 – オリンピック選手がドロシーの横を走って通り過ぎる。

選手1	: やあ。
ドロシー	: こんにちは。
選手2	: こんにちは、ミス・ショー。
選手3	: このあとは何してるんだい？
コーチ	: おい、立ち止まるな。
ローレライ	:「エイモス・ジョーンズ氏と付き人。」
ドロシー	: 何をしているの？
ローレライ	: 乗客名簿を見ているの。
	:「アルフレッド・ローマン氏と付き人。」
	:「ユージーン・マーティン氏と付き人。」
ドロシー	: どうして急に付き人に興味が？
ローレライ	: 名前の後に「付き人」って書いてある場合、その人は確実にお金持ちよ。私はただ、あなたのお相手の男性を探そうとしてるのよ。
ドロシー	: それは結構。もう自分で20人ほど当たったわ。
ローレライ	: ドロシー、お金持ちの棒高跳び選手って聞いたことある？
ドロシー	: たぶんないわね。でも関係ないわ。私は自分より速く走れる男が好きなの。
ローレライ	: 私はあなたがお終いになるところを考えたくないの。あなたはお金もなくてやぼったい男に無駄な時間を使っているのよ。

■ what're you gonna be doing
= what are you going to be doing (later on)
トレーニング中の選手がこの後のドロシーの予定を尋ねている。

■ valet
米国などのレストランやホテルで見かける valet parking は、従業員に車の鍵を渡して駐車してもらう駐車場のこと。自分で駐車する駐車場は self parking。
valet の最も一般的な発音は [væléi] であり、語尾の [t] は通常発音されない。しかしここでローレライは [vǽlət] と綴り通りに発音しており、ローレライの知識レベルをコミカルに表したシーンとなっている。

■ why the sudden...valets?
why の後ろに do you have が省略されている。

■ worthwhile
ex. Watching this film is worthwhile. （この映画は見る価値がある）

■ simply
= only

■ don't bother
「気にしないで、お構いなく」という意味の決まり文句。me をつけて Don't bother me. とすると「邪魔しないで、放っておいて」という意味になる。

■ provide oneself with...
「provide + O + with ...」で、「Oに…を供給する」
ex. Cows provide us with milk. （牛は我々にミルクを供給する）

■ wind up
= end up; finish up
wind は曲がりくねる、巻くという意味の動詞で発音は [wáind]。wind-wound-wound[wáund] と不規則変化する。

■ waste...on
「~に…を浪費する、無駄に使う」の意味。
ex. Don't waste your time on trifle matters. （くだらないことに時間を浪費するな）

■ unrefined
refine は動詞で「~を精製する、~を上品にする」という意味。

49

DOROTHY: Honey, did it ever occur to you that some people just don't care about money?

LORELEI : Please. Don't be silly. We're talking serious. You don't wanna end up with a loveless marriage, do you?

DOROTHY: Me, loveless?

LORELEI : That's right. Because if a girl's spending all of her time worrying about the money she doesn't have, how is she going to have any time for being in love?

: I want you to find happiness and stop having fun.

DOROTHY: That baffles me.

LORELEI : You'll thank me some day.

: Here's a good one: "Henry Spofford the third and valet."

: I remember reading. The Spofford family owns practically a whole state. A big one too. I think it's Pennsylvania.

DOROTHY: Well, I guess I could settle for Pennsylvania.

LORELEI : Hello, there Mrs. Henry Spofford the third.

DOROTHY: Mrs. Henry Spofford the third and valet. He's not going to have anything I don't have.

: I'll see you later.

LORELEI : Don't forget the cocktail party.

DOROTHY: All right.

LORELEI : 5:30.

INT. SHIP POOL – DAY – Members of the Olympic team wearing only swimming trunks gather around Dorothy.

DOROTHY: The whole team?

ドロシー	: ねえ、お金に興味がない人がいるってこと考えたことないの？
ローレライ	: お願い、冗談はやめて。真面目に話してるのよ。愛のない結婚しちゃうのはいやでしょ？
ドロシー	: 私が？　愛のない結婚？
ローレライ	: その通りよ。だってもし女性が四六時中持ってもいないお金の心配をしていたら、どうやって愛する時間を持つの？
	: 私はあなたに遊びはやめて幸せになってほしいの。
ドロシー	: 余計なお世話よ。
ローレライ	: いつか私に感謝するわよ。
	: いい男がいたわ。「ヘンリー・スポフォード 3 世、付き人。」
	: 読んだことがあるわ。スポフォード家はほとんど州を丸ごと持ってるのよ。大きなやつ。ペンシルベニアだったかしら。
ドロシー	: じゃあペンシルベニアで手を打とうかしら。
ローレライ	: ごきげんよう、ヘンリー・スポフォード 3 世夫人。
ドロシー	: ヘンリー・スポフォード 3 世夫人と付き人よ。私は彼が持ってるものは何でも持ってるの。
	: また後でね。
ローレライ	: カクテル・パーティーがあるのを忘れないで。
ドロシー	: はいはい。
ローレライ	: 5 時半よ。

屋内 – 船内のプール – 昼 – オリンピックチームのメンバーが水泳パンツを身に着けてドロシーの周りに集まっている。

ドロシー	: チームみんなが？

■ silly
「ばかばかしい、愚かな（良識、分別がない愚かさ）」の意味。他にも同じような意味で以下のような単語があり、（国や使う人によって異なるが）それぞれ違ったイメージを持つ。
foolish（賢明な判断ができない馬鹿さ）
stupid（人を苛立たせるような愚かさ）
idiot（少しきつい言い方のまぬけ）

■ end up with
後に名詞か動名詞が続き、「〜で終わる、〜の羽目になる」の意味。
ex. She ended up with a cold.（彼女はついに風邪をひいてしまった）

■ baffle
ex. The quiz baffled me completely.（そのクイズにはまったくまいった）

■ Henry Spofford the third
「人物名 + the 序数詞」で「〜世」という意味。通常ローマ数字で表記する。
ex. George Ⅱ（ジョージ 2 世）

■ remember …ing
過去の出来事を指して「〜したことを覚えている」の意味。remember to do だと未来のことを指し、「〜することを覚えている、忘れないで〜する」の意味。

■ Pennsylvania
ペンシルベニア州。米国東部の州。州内最大の都市は、「米国合衆国発祥の地」と称されることもあるフィラデルフィア。ハリウッド俳優として日本でも人気のケヴィン・ベーコン、ウィル・スミスなどの出身地である。

■ settle for
ex. I will settle for the job.（その仕事でいいや）

■ He's not going…I don't have
直訳すると「彼は私が持っていないものは持たないだろう」だが、言い換えると「彼と私は同じものを持っている」という意味で、彼に付き人がいるなら自分にも付き人がいる、という意味。

■ gather
(a)round や together と一緒によく使われる。

TEAM : That's right.	that's right ◎
ATHLETE 1: Until after the games.	
DOROTHY: You mean to tell me you eat at 6 and have to be in bed at 9?	mean to 〜するつもりである ◎
ATHLETE 1: That's right.	
ATHLETE 2: Coach is strict. They check up on everybody.	strict 厳しい check up 〜を調べる
DOROTHY: Holy smoke, 9 o'clock! That's just when life begins.	holy smoke ええ, あれ, まさか, まあ ◎ life 人生, 生活 ◎
ATHLETE 1: Not for us.	
COACH : All right you guys, break it up. Come on, let's go.	you guys ◎ break it up (群衆・会など)を解散させる ◎

A crowd of women ogle the Olympic team members as they begin their training.

ogle 〜に色目を使う, 〜を好色な目で見る

COACHES : One, two, three, four.	
One, two, three, four.	
One, two, three, four.	
One, two, three, four.	
One, two, three, four.	
One, two, three, four.	
One, two, three, four.	
One, two, three, four.	
One, two, three, four.	
One.	
DOROTHY: Honey, you'll hurt yourself.	hurt 〜を傷つける
I can't play tennis	
My golf's a menace	menace やっかいなもの, 脅威 ◎
I just can't do the Australian crawl	Australian crawl オーストラリア式クロール ◎
And I'm no better at volleyball	no better at ◎
Ain't there anyone here for love?	ain't ◎
Sweet love	
Ain't there anyone here for love?	anyone here for love → p47

チーム	: その通り。	

選手1 : 試合が終わるまではね。

ドロシー : 6時に夕食で9時に寝なきゃいけないってこと？

選手1 : その通り。

選手2 : コーチが厳しいんだ。みんなを見て回るんだよ。

ドロシー : まあ、9時なんて！私が活動開始する時間よ。

選手1 : 僕たちは違うんだ。

コーチ : おいおまえたち、おしまいにしろ。ほら、行くぞ。

女性たちがオリンピックチームのメンバーがトレーニングを始めるのをじっと見ている。

コーチ : 1、2、3、4。
1、2、3、4。
1、2、3、4。
1、2、3、4。
1、2、3、4。
1、2、3、4。
1、2、3、4。
1、2、3、4。
1、2、3、4。
1。

ドロシー : あなた、やり過ぎるとけがするわよ
私はテニスができない
ゴルフもだめ
泳ぎもできない
バレーもへたくそ
でも誰か恋をしたい人はいないのかしら？
甘い恋
誰か恋をしたい人はいないのかしら？

■ that's right
「その通り」という口語表現である。相手の言った言葉が正しいことを表す言葉である。
■ mean to
ex. You mean to go to school today?（君は今日学校へ行くつもりかい）

■ holy smoke
驚き、怒り、喜びなどを表して「ええ、あれ、まさか、まあ」の意味。この他に、holy cats、holy cow なども同じ意味。
■ life
慣用句、比喩表現などにおいて「楽しみ、生き甲斐」といった意味で使われる。
ex. Ah come on, get a life!（なあ、もっと人生を楽しめよ！）
■ you guys
きみたち、みんなという意味の二人称複数に対して使う呼びかけ。guy は男という意味だが、この呼びかけは女性だけの集団にも使える。
■ break it up
命令文で「(けんかなどを) やめろ、解散しろ」の意味。

■ menace
ex. Nuclear arms are a menace to the human race.（核兵器は人類にとって脅威である）
■ Australian crawl
水泳の用語で、左右の腕を一かきするごとに足を2回あおる泳法。その他の代表的な泳法は、butterfly（バタフライ）、breast stroke（平泳ぎ）、back stroke（背泳ぎ）、dog paddle（犬かき）など。
■ no better at
元々は good at で「〜が得意な」という意味で、good が比較級である better になり、強い否定の no がついて「〜がより得意ではない」の意味。
■ ain't
is not, are not, am not の縮約形。略式ではよく使われるが、標準語法として確立してはいない。

DOROTHY: I'm apathetic and non-athletic
　　　　　　Can't keep up in a marathon
　　　　　　I need some shoulder to lean upon
　　　　　　And a couple of arms to hold me
　　　　　　Ain't there anyone here for love?

DOROTHY: I'm not in condition to wrestle
　　　　　　I've never trained in a gym
　　　　　　Show me a man who can nestle
　　　　　　And I'll pin a medal on him
　　　　　　Need some chappie to make me happy
　　　　　　And he don't have to be Hercules
　　　　　　Don't anyone know about birds and bees?
　　　　　　Ain't there anyone here for love?
　　　　　　Sweet love
　　　　　　Ain't there anyone...
　　　　　　...here for love?

DOROTHY: Doubles, anyone?
　　　　　　: Court's free.

DOROTHY: Two out of three, anyone?

DOROTHY: Doesn't anyone want to play?
　　　　　　I like big muscles
　　　　　　And red corpuscles
　　　　　　I like a beautiful hunk of man
　　　　　　But I'm no physical culture fan
　　　　　　Ain't there anyone here for love?
　　　　　　Sweet love
　　　　　　Ain't there anyone
　　　　　　Ain't there anyone
　　　　　　Ain't there anyone, anyone
　　　　　　Anyone, anyone

DOROTHY: For love?

---

apathetic　無関心な，やる気のない
non- ↻
athletic　活発で元気な，敏捷な
can't ↻
keep up　同じ速度で進む，ついていく ↻
lean upon　～に寄りかかる，もたれる

be not in condition to　～する状態ではない ↻
wrestle　取っ組み合う，格闘する
nestle　抱き寄せる
pin　～をピンで留める
chappie　やつ ↻
Hercules　ヘラクレス ↻
he don't ↻
Don't anyone
birds and bees　(口)性に関する初歩的知識 ↻

doubles　(テニスなどの)ダブルス
free　解放された，使用可能な，無料の

two out of three ↻

corpuscle　血球

hunk of man　強くたくましい男

physical culture　肉体的鍛錬 ↻

Gentlemen Prefer Blondes

ドロシー ： 私は運動には無関心
　　　　　　マラソンもできないわ
　　　　　　よりかかる肩と
　　　　　　抱きしめてくれる腕が欲しいわ
　　　　　　誰か恋をしたい人はいないのかしら？

ドロシー ： レスリングはできない
　　　　　　ジムでトレーニングしたこともない
　　　　　　抱き寄せてくれる男はいないかしら
　　　　　　メダルをかけてあげるわ
　　　　　　私を幸せにしてくれる誰かが必要なの
　　　　　　ヘラクレスでなくていいわ
　　　　　　恋の手ほどきをしてくれる男はいないの？
　　　　　　誰か恋をしたい人はいないのかしら？
　　　　　　甘い恋
　　　　　　誰か恋をしたい人はいないのかしら？

ドロシー ： 誰か、ダブルスは？
　　　　　　コートは空いているわよ

ドロシー ： 3ゲームの2ゲーム先取よ。誰か？

ドロシー ： 誰かやらないの？
　　　　　　たくましい筋肉、
　　　　　　赤い血潮が好き
　　　　　　魅力的でたくましい男が好き
　　　　　　でも体を動かすのは好きじゃない
　　　　　　誰か恋をしたい人はいないのかしら？
　　　　　　甘い恋
　　　　　　誰かいないのかしら
　　　　　　誰かいないのかしら
　　　　　　誰かいないのかしら、誰か
　　　　　　誰か、誰か

ドロシー ： 恋をしたい人は？

■ non-
そのあとに続く語の意味を反転させる接頭辞。日本語の「非〜、不〜、無〜」にあたる。
同じく否定の意味を付与する接頭辞に un- があるが、こちらは non- よりも否定的な意味が強くなる。
ex. nonscientific（科学とは無関係の）
cf. unscientific（非科学的な）

■ can't
前に I が省略されている。

■ keep up
ex. It's important to keep up with the times.（時代に遅れないでいることは大切だ）

■ be not in condition to
ex. She is not in condition to go out.（彼女は外出できる状態ではない）

■ chappie
= chap
親しみを込めて「やつ」の意味。

■ Hercules
ギリシャ神話のゼウスの息子で、怪力無双の英雄。

■ he don't / Don't anyone
正しい文法はそれぞれ、He doesn't と Doesn't anyone である。歌詞や詩において、リズムを重視するため、正しくない文法が使われることはよくある。

■ birds and bees
子供に鳥やハチの性の習性を例に教えることから「性に関する初歩的知識、性教育の基礎知識」の意味。

■ two out of three
直訳すると「3つ中の2つ」だが、ここではテニスについて歌っているため、「3ゲームの2ゲーム先取」という意味。

■ physical culture
physical は「身体の、肉体の」という意味。反意語は mental。

⑨ *INT. SHIP RESTAURANT – DAY – Ernie speaks with the waiter CAPTAIN to request a seat during dinner.*

ERNIE	: Did you say fifty dollars?	以下の明朝体はフランス語（本欄は英語訳） Yes, sir. **monsieur**（仏）◎
CAPTAIN	: Oui, Monsieur.	
ERNIE	: Well, that's a fairly tidy sum just to get a seat at a table.	**fairly** かなり、いくぶん **tidy** 相当の **sum** 総額、合計
CAPTAIN	: That's the law of supply and demand, monsieur. Already I got many requests for a seat at Miss Lee and Miss Shaw's table.	**the law of supply and demand** 需要と供給の法則
	: And the price goes up and up and up. That's inevitable. Je regrette, monsieur.	**inevitable** 避けられない、不可避の I'm sorry, sir.
ERNIE	: Hm, mm. Well, je regrette it more than vous. However, the name's Malone. Better get it down there while I can still afford it.	**hm** ◎ **mm** ◎ **je regrett...vous** ◎ **better** ◎ **get it down there** ◎ **afford** 〜を買う余裕がある
CAPTAIN	: Merci, monsieur Malone.	Thank you, Mr. Malone.
CAPTAIN	: Bonjour, mademoiselle.	Hello, miss.
LORELEI	: Are you the headwaiter?	**headwaiter** 給仕長 ◎
CAPTAIN	: At your service, mademoiselle.	**at your service** 何なりとご用命ください、ご自由に ◎
LORELEI	: I'm Miss Lee.	
CAPTAIN	: Oh, Miss Lee. Well, now I understand. What can I do for you Miss Lee?	**now I understand** ◎
LORELEI	: Put a certain gentleman at my table.	**certain** ある
CAPTAIN	: Oh, I'm humiliated, mademoiselle. There's nothing I can do for you. All seating arrangements are completed, final, finished, complete.	**I'm humiliated** ◎ **arrangement** 配置 **completed** 完成した **complete** 完璧な
LORELEI	: That's too bad. Once I was in Atlantic City and all the gentlemen in my hotel wanted to sit at my table.	**That's too bad** ◎ **once** かつて **Atlantic City** アトランティック市 ◎
CAPTAIN	: Oh, well. I can understand that.	

56

Gentlemen Prefer Blondes

屋内 – 船内のレストラン – 昼 – アーニーがディナーの席を求めて給仕長と話をしている。

アーニー	: 50ドルだって？
給仕長	: はい、ご主人。
アーニー	: それはちょっとテーブル1つには高すぎるな。
給仕長	: 需要と供給の法則ですよ、ご主人。ミス・リーとミス・ショーのお席にはたくさんリクエストがありまして。
	: 価格は上がりっぱなし。当然です。残念ながら。ご主人。
アーニー	: うーん、残念なのは僕の方だよ。ともかく、名前はマローンだ。お金が出せるうちに席を確保した方がいいな。
給仕長	: ありがとうございます、マローン様。
給仕長	: ごきげんよう、マドモアゼル。
ローレライ	: あなたが給仕長？
給仕長	: なんでしたでしょうか、マドモアゼル。
ローレライ	: リーです。
給仕長	: リー様、そうでしたか。何の御用でしょうか。
ローレライ	: ある男性を私のテーブルに連れてきてほしいの。
給仕長	: おそれながらマドモアゼル、私にはできかねます。お席はすべて決まりました。完璧に。最終決定です。
ローレライ	: それは残念ね。アトランティックにいたときにはホテルの男性はみんな私の席に座りたがったのに。
給仕長	: そうでしたか。

■ Monsieur
= Mister; sir
呼びかけで「旦那」の意味。

■ hm
「ふーむ、うーん」と、考えていることを示す声。間投詞。

■ mm
「うむ、うん、ふむ」という意味の相づち。間投詞。

■ je regrette it more than vous.
アーニーは給仕長の言葉を受けて、響きの似ている英語とフランス語を混ぜて言葉遊びをしている。(I regret it more than you.)

■ better
= it would be better で「〜した方がよい」の意味。

■ get it down there
it は名前を指し、ここでは「席を確保する」の意味合い。

■ headwaiter
接頭辞「head-」と組み合わせると「〜長、〜のトップ」という語を形成する。
ex. headquarter（本部）、headline（新聞などの見出し）、headteacher（校長）

■ At your service.
= I am at your service.

■ now I understand
「今、合点がいった」の意味。ローレライの美しさを目の当たりにした給仕長が、男性陣からのリクエストが多い理由がわかり納得している。

■ I'm humiliated
ここでは「面目ありません」の意味。ローレライの期待に応えられなくて申し訳ないという気持ちを表している。humiliated は「恥ずかしい思いをしている」の意味。

■ That's too bad
「それは残念だ」
相手に対する同情などを表し、日常的に多用される決まり文句。

■ Atlantic City
米国ニュージャージー州南東部の数島からなる都市。ボードゲーム・モノポリーのオリジナル版の舞台となっており、盤面に実在の通りや名所の名が使われている。ギャンブルが合法化されておりカジノが盛んな観光都市である。

LORELEI : Some of them even went to the headwaiter to give him money.
CAPTAIN : That happens. What can one do? One takes it. Why not?
LORELEI : That headwaiter had to give it back.
CAPTAIN : Indeed? Why?
LORELEI : Because I had all my meals in my room. I mean, I didn't even come to the table at all. So naturally the men wanted their money back.
CAPTAIN : Oh, mademoiselle. I beg you...
LORELEI : Do you want me to have all my meals in my room?
CAPTAIN : Must not be, mademoiselle.
LORELEI : Of course, if Mr. Henry Spofford the third is seated at my table....
CAPTAIN : Oh, it shall be, mademoiselle.
LORELEI : Thank you ever so.
CAPTAIN : Mademoiselle.

INT. SHIP DANCE BAR – DAY – Dorothy enters the crowded room and walks up to WATSON at the bar.

DOROTHY: Hi.
WATSON : Hi, Miss Shaw. Well, it's nice to see you.
: In case you don't remember, my name is Watson.
DOROTHY: Mr. Watson.
WATSON : Here we are, all ready for you.
DOROTHY: Thanks. I need it.
WATSON : Why? What's the matter?
DOROTHY: Can you imagine? The entire Olympic team has to be in bed by 9 o'clock. What can you do about a thing like that?

Gentlemen Prefer Blondes

ローレライ ：何人かは給仕長を買収したのよ。

給仕長 ：それはそうでしょう。他にどうするんです？ 受け取るのが仕事ですよ。なぜいけないんです？

ローレライ ：でも給仕長はお金を返したのよ。

給仕長 ：本当ですか？ なぜ？

ローレライ ：私が食事を部屋に運ばせたの。つまり、私はテーブルにつかなかったってわけ。だから当然、男たちはお金を返すように言ったのよ。

給仕長 ：ああ、マドモアゼル、どうか…

ローレライ ：私に部屋に食事を運ばせたい？

給仕長 ：それはいけません、マドモアゼル。

ローレライ ：もちろんしないわ。ヘンリー・スポフォード3世が私のテーブルに座るなら。

給仕長 ：仰せのままに、マドモアゼル。

ローレライ ：どうもありがとう。

給仕長 ：マドモアゼル。

屋内 – 船内のダンスバー – 昼 – ドロシーが混雑した部屋に入り、ワトソンに近づく。

ドロシー ：こんにちは。

ワトソン ：やあ、ミス・ショー。お会いできてうれしいよ。
：覚えていないかもしれないから言っておくと、私の名前はワトソンだよ。

ドロシー ：ワトソンさんね。

ワトソン ：ここにあった、どうぞあなたに。

ドロシー ：ありがとう。飲みたかったのよ。

ワトソン ：なぜ？ どうしたんだい？

ドロシー ：信じられる？ オリンピックの選手団は9時には寝てしまうのよ。どうしたらいいの？

■ that happens
直訳すると「それは起こる」だが、この場合は「それはそうでしょう」の意味。

■ Why not?
「なぜいけないのか」
相手の否定の言葉に反論して「なぜいけないのか、なぜしないのか、いいではないか」という決まり文句。

■ have all my meals in my room
「have + O + 場所」で「O を…に動かす」の意味。
ex. He had the students out of the room. (彼は学生を部屋から退出させた)

■ not … at all
not を強調して、「まったく…ない、少しも…ない」の意味。
ex. He doesn't watch TV at all. (彼はまったくテレビを見ない)

■ naturally
この他に「生まれつき、自然に」などの意味がある。

■ want their money back
「want + O + C」で「O に C であることを望んでいる」の意味。
ex. I want my shirt ironed. (私はシャツにアイロンをかけてほしい)

■ want me to have
「want + O + to do」で「O に～してほしい」の意味。
ex. I want you to help me. (君に助けてもらいたい)

■ must not be
= That must not be.
直訳すると「それはあってはいけない」の意味。

■ shall
= will
イギリス英語でよく使われる。肯定文で使う shall は未来時制としての使い方をする。

■ it shall be
直訳すると「そうなるでしょう」という意味。

■ in case
ex. You must take your umbrella in case it rains. (雨が降るといけないから傘を持っていきなさい)

■ here we are
「さあ着いた」という意味でよく使われる。

■ What's the matter?
「何か問題でも？」「どうしたの？」
相手のことを心配したり、気遣ったりするときなどに幅広く使用される。

59

WATSON : Send a letter to your congressman.
DOROTHY: Catch me a pigeon. I'll be glad to.
WATSON : Miss Shaw, may I present Sir Francis Beekman.
PIGGY : How do you do?
DOROTHY: How do you do?
WATSON : A pigeon, if there ever was one.
: Note the blood-red ruby eyes.
PIGGY : Oh, I say now, Watson. There's no need to run a fellow down.
: He's jealous because I have a way with the ladies.
DOROTHY: How do you do it?
WATSON : What makes the difference with the ladies is that diamond mine of yours.
DOROTHY: Diamond mine?
WATSON : Now, if you'll excuse me I'll go on being the host.
PIGGY : Cheeky fellow. Good sort, though.
DOROTHY: Is it true...
PIGGY : What say we sit down and make ourselves comfortable, what?

PIGGY : I understand that you're an entertainer, Miss Shaw. By jove, I bet you're a good one though.
DOROTHY: Thanks. Say, is that on the level? Do you own a diamond mine?
PIGGY : Well, I'm happy to say I do, my dear. Are you interested in diamonds?
DOROTHY: No. No, not particularly. But um...
PIGGY : Dear me, well you must be a very extraordinary girl.
DOROTHY: Will you do me a favor, sir ah...?

---

congressman 連邦議会議員 ◎
pigeon 鳩 ◎
be glad to (do) 喜んで〜する ◎
may I present → p71
present 〜を紹介する
Sir ◎
How do you do → p71

pigeon だまされやすい人, カモ
if ever there was one ◎
note 〜に気づく, 〜を認める

I say おい, ちょっと, あのね → p83
run...down …をけなす, そしる
fellow 仲間, 友達
jealous ねたんで, 嫉妬して
have a way with 〜の扱い方を知っている

what makes the difference with the ladies ◎
mine 鉱山

excuse 〜を許す
go on doing 〜し続ける ◎

cheeky 生意気な, 厚かましい
sort (〜な)人

what say ◎
make ourselves comfortable ◎
what ねえ, そうだろう → p71

entertainer 芸能人, エンターテイナー
by jove おやまあ, とんでもない ◎

say ねえ, ところで
on the level 正直な, 真実の ◎

my dear ねえ君, あなた

dear me なんと, まあ ◎
extraordinary 奇妙な, 変わった
will you do me a favor ◎

Gentlemen Prefer Blondes

ワトソン	：議会に手紙を書いたらいい。	
ドロシー	：伝書鳩をくれたら喜んで。	
ワトソン	：ミス・ショー、フランシス・ビークマン卿を紹介するよ。	
ピギー	：初めまして。	
ドロシー	：初めまして。	
ワトソン	：まさに鳩のように騙されやすい男だよ。	
	：あの血の色をしたルビーのような目を見たまえ。	
ピギー	：おいちょっと、ワトソン、私をからかうなよ。	
	：私が女性にもてるからって妬いてるんだな。	
ドロシー	：どうやって？	
ワトソン	：女性にとって大事なのは君のダイヤモンド鉱山だよ。	
ドロシー	：ダイヤモンド鉱山？	
ワトソン	：では失礼して、お相手に行ってくるよ。	
ピギー	：口の悪い奴だ。気はいいがね。	
ドロシー	：本当に…	
ピギー	：向こうで座ってゆっくりしないか？	
ピギー	：君は歌手なんだね、ミス・ショー。しかもすばらしい歌手に違いない。	
ドロシー	：ありがとう。ねえ、本当なの？ ダイヤモンド鉱山を持ってるって？	
ピギー	：ああ、そうだよ、嬉しいことにその通りだ。ダイヤモンドに興味があるのかね？	
ドロシー	：いいえ、特には。でも…	
ピギー	：いやはや、変わったお嬢さんだ。	
ドロシー	：お願いを聞いてくれるかしら？	

■ congressman
米国の連邦議会議員、特に下院議員を指す。

■ pigeon
ここでは伝書鳩のことを指し、鳩がいたら議員に手紙を届けてもらうという意味。

■ be glad to (do)
ex. I'm glad to see you.（お会いできて嬉しいです）

■ Sir
男性の名前の前につけて「～様、～殿」という意味。また、男性への呼びかけに用いて、「あなたさま、旦那」という意味。イギリスでは準男爵、ナイトの称号を持つ男性に用いられる。

■ if ever there was one
直訳すると「もしそういうものがあるとすれば」という意味。ある人物の職業などを強調して「まさに、確かに」という意味で使われる。
ex. He is a great musician if ever there was one.（彼こそまさに偉大な音楽家だ）

■ What makes the difference with the ladies
whatは先行詞を含んだ関係代名詞で「～なこと」を意味し、この部分を直訳すると「女性にとって違いを生むのは」という意味。

■ go on doing
ex. I want to go on working.（私は働き続けたい）

■ what say
= what do you say で「～はどう？」という意味。また、what say? を what did you say? という意味で使われることもある。

■ make ourselves comfortable
「make + O + C」で「OをCの状態にする」という意味。comfortable は「快適な」の意味。全体では「一緒にくつろぐ」という意味。

■ by jove
驚き・喜びの強調表現。イギリス英語の少し古いくだけた表現。

■ on the level
ex. People know I'm on the level.（みんな私が正直であることは知っている）

■ dear me
驚き、同情、失望などを表し、「なんと、まあ」の意味。

■ Will you do me a favor?
「お願いを聞いてくれる？」
丁寧にお願いをする時の決まり文句。

61

PIGGY	: Piggy. Just call me Piggy.	
DOROTHY	: Would you do me a favor, Piggy?	would you do me a favor ◎
PIGGY	: Anything, my dear. Name it.	name ～を示す, 挙げる
DOROTHY	: Would you be careful not to spread it around about your diamond mine. I wouldn't want my girlfriend to hear about that.	be careful not to do ～しないように気を付ける
PIGGY	: Oh, she doesn't care for diamonds either, huh?	care for ◎ either （否定文で）～もまたない huh ふん, なんだって
DOROTHY	: Believe me, Piggy. I'm only trying to save everybody trouble. Do not tell her about the diamonds.	save everybody trouble

LORELEI	: Did you say "diamonds"?	
PIGGY	: Well, well, well! By George, I must say!	by George 本当に, まったく ◎
	: No doubt about it, no sirree.	no sirree とんでもない ◎
	: By George, no doubt about it at all.	
DOROTHY	: Miss Lee, meet Piggy.	
PIGGY	: Delighted! Delighted!	delighted 嬉しい, 喜んで ◎

LORELEI	: You did say "diamonds." I can tell.	I can tell ◎
PIGGY	: Yes, my dear.	
	: You see, my firm controls the second largest diamond diggings in South Africa.	firm 会社, 商社 digging 鉱山
	: But it seems that we mustn't say anything about it. This young lady has a friend she doesn't want to know about me.	it seems that ～だと思われる mustn't ◎
LORELEI	: I wonder why.	I wonder why ◎
DOROTHY	: Oh, no, you don't.	
LORELEI	: Pardon my saying so, but having heard so much about you and all, I expected you'd be much older.	pardon 許す
PIGGY	: Me? Well, my. You don't say. Well, by George!	my おや, まあ ◎
	: Older than what?	

Gentlemen Prefer Blondes

ピギー	：ピギー。ピギーと呼んでくれて構わんよ。
ドロシー	：お願いを聞いてくれる、ピギー？
ピギー	：何なりと、お嬢ちゃん。言ってごらん。
ドロシー	：あなたのダイヤモンド鉱山の話をひろめないでくれないかしら？私の友達に聞かれたくないの。
ピギー	：ああ、その彼女もダイヤモンドに興味がないんだな？
ドロシー	：信じてちょうだい、ピギー。私はみんなをトラブルに巻き込みたくないだけなの。彼女にダイヤモンドのことは言わないで。
ローレライ	：「ダイヤモンド」って言ったかしら？
ピギー	：いやはや！ まったく驚いた。
	：疑いようもない、まったく。
	：本当に、まったく疑念の余地もないよ。
ドロシー	：ミス・リー、ピギーよ。
ピギー	：お会いできて嬉しい、ほんとに嬉しいよ。
ローレライ	：あなたが「ダイヤモンド」って言ったのね。そうでしょ。
ピギー	：そうだよ、お嬢ちゃん。
	：私の会社は南アフリカで2番目のダイヤモンド採掘会社だ。
	：しかし我々はそのことを話してはいけないらしい。この女性は友達に私のことを知られたくないそうなんだ。
ローレライ	：どうしてかしら。
ドロシー	：おやめなさい。
ローレライ	：こんなこと言うのをお許しください。お噂はかねがね伺っていましたけど、もっとお年を召しているかと思っていましたわ。
ピギー	：私が？ いや、まいったな。冗談はよしてくれよ。いや、まったく！
	：どれくらい年寄りだと？

■ would you do me a favor?
「お願いをしてもいいですか？」という意味で丁寧にお願いをする際に用いる表現である。友人、家族などの親しい間柄では can [will] you do me a favor? としてもよい。ちなみにこの文では favor には「好意、親切」、do には「施す」の意味がある。

■ care for
= have an interest in; like something; would like
ex. Would you care for some tea?（お茶でもいかがですか）

■ either
ex. He is not coming, either.（彼も来ない）

■ save everybody trouble
「save + O1 + O2」で「O1 から O2 を省く」
ex. The bridge saved us a lot of time.（その橋のお陰で我々は大いに時間を省けた）

■ by George
驚き、決心などを表し「いやはや、本当に、まったく」の意味。by God の婉曲表現。

■ no sirree
sirree は sir の強調形。

■ Delighted
嬉しい気持ちを表す形容詞。pleased や glad よりも喜びの度合いが高い。このシーンにもあるように、誘いを受けるときなどに間投詞的に用いることもできる。
ex. Would you come to my wedding reception?-Delighted (to).（私の結婚披露宴に来てくれる？ - 喜んで）

■ I can tell
tell には「言う」のほかに、「わかる」という意味もある。このシーンのように、助動詞 can を伴って、「自信を持って言える」という意味で、文頭・文尾で使う。
ex. I can tell that they love each other just by looking at them.（彼らが愛し合っているのは、彼らを見れば分かる）

■ mustn't
must not の省略形。

■ I wonder why
「なぜでしょう」

■ my
驚きや疑念を表して「おや、まあ、あら」という意味。

63

DOROTHY: The Pyramids.
LORELEI : Of course, I always say if a man isn't a certain age, he just isn't interesting.
DOROTHY: Oh, honey, lay off!
PIGGY : Bless my soul. Bless my… Would you care to dance?
LORELEI : I'd enjoy to dance. Thank you ever so.

Pyramids　ピラミッド

certain　ある程度の
lay off　（命令文で）やめて ↪
Bless my soul ↪

ダイヤモンドの魅力と歴史

　ローレライが愛してやまないダイヤモンド。それは古今東西、多くの人々を魅了してきた。その魅力はどこにあるのだろうか。
　そもそもダイヤモンドとは、炭素が地下150〜200キロの深さで高温と高圧にさらされたことによってできあがった、地球上で最も硬い鉱物である。古代の人々は、他のどんな石でも金属でも切ることのできるダイヤモンドには、何か神秘的な力が宿っていると考えた。そしてそれを身につけると、ダイヤモンドのような強さが手に入ると信じ、時の権力者たちは護符として身に着けた。ちなみに、ダイヤモンドの語源、ギリシャ語の「adámas（アダマス）」は、「征服されざるもの」の意味である。
　ただし、当時はダイヤモンドのその硬さゆえに磨く技術が無く、原石のままだったため、宝石としての価値はそれほど高くはなかった。現在のようにダイヤモンドの美しさが認められるようになったのは、ダイヤモンドが発見されてからだいぶ後、15世紀半ばにベルギーで、ダイヤをダイヤで磨くという研磨方法が考えだされてか

ドロシー	：ピラミッドくらい。
ローレライ	：もちろん、私はいつも言ってるわ、ある程度のお年じゃないと男性はおもしろくないって。
ドロシー	：まあ、この子ったら、やめてよ。
ピギー	：いやはや。踊らないかね？
ローレライ	：ダンスは好きよ。ありがとう。

■ lay off
= Stop the flattery/ lying.
命令文などで、「(不愉快なことを、害になることを) やめる」

■ Bless my soul
= God bless me; I'll be blessed
驚きを表して「おやおや、しまった、とんでもない」という意味。

らである。その後、研磨技術が発達したり、輝きを美しく見せるようなカットの方法が考えだされたりすることによって、徐々に宝石としての価値が高まっていき、ヨーロッパの王侯貴族の間ではダイヤモンドを所有することが流行した。

ちなみに、ローレライがラストシーンで身に着けているダイヤモンドは「Moon of Baroda」(ムーン・オブ・バローダ) と呼ばれ、24.04 カラット、ペアシェイプのカナリーイエローダイヤモンドである。元々はインドのバローダのマハラジャであるガイクワド王家が 500 年近く所有しており、その後、オーストリアの皇后・マリア・テレジアに献上された。1860 年代になり再びダイヤモンドはガイクワド家に戻されたが、1940 年代、Meyer Jewelry Company の社長だった Meyer Rosenbaum 氏がこのダイヤモンドを購入してマリリン・モンローに寄贈し、映画の撮影に用いられたのである。

このダイヤモンドに限らず、多くのダイヤモンドには様々な歴史や伝説があり、今もなお人々を魅了し続けている。

岸本　真里

Diamond Tiara

11 *Ernie approaches Dorothy with some drinks.*

ERNIE : Could you use another drink?
DOROTHY : No, thanks. I still have…
ERNIE : Can't tell the players without a program.

DOROTHY : Well, I certainly want to know who the players are.
: For instance, who's the young man who just tried to steal second base?
ERNIE : My name's Malone.
DOROTHY : Mine's Shaw, Dorothy. Well, Mr. Malone?

ERNIE : You're the most attractive girl in the room, so I came over to tell you. Do you mind?
DOROTHY : No. I might as well warn you, flattery will get you anywhere.
ERNIE : In that case, we haven't any problems.
DOROTHY : As a matter of fact, I've been wondering why you hadn't shown up before this.
ERNIE : Well, I, I… had some business to attend to.
DOROTHY : Then this isn't a vacation?
ERNIE : Not entirely. There's still a telephone.
: In fact, I just had some bad news.
DOROTHY : Oh?
ERNIE : My best 2-year-old will never run again. Bowed a tendon. He's worth thirty or forty thousand.
: Oh, not that I care about the money. But this might've been a good one.

---

approach ～に近づく

another もう一杯の

certainly 実に, 全く

for instance 例えば ⊙

steal 盗む
second base 二塁

attractive 魅力的な

come over やって来る
Do you mind? ⊙
might as well ～する方がよい
warn 通告する
flattery will get you anywhere ⊙
in that case その場合
we haven't any problems ⊙
as a matter of fact 実は, 実を言うと
wonder ～だろうかと思う
show up (人が会などに)現れる, 来る
business 仕事
attend to (用件など)を片付ける, 応対する
then それなら, それじゃあ
vacation (仕事の)休み, 休暇
not entirely ⊙
in fact 実際は, その証拠に

bowed a tendon ⊙
he is worth thirty or forty thousand ⊙

not that I care about the money ⊙
might've been (もし～であったら)…だったろうに ⊙

66

Gentlemen Prefer Blondes

ダイヤモンドのティアラ

DVD 00:29:22
□□□□□□

アーニーが飲み物を持ってドロシーに近づく。

アーニー	: もう一杯どうだい？
ドロシー	: 結構よ。まだあるから…
アーニー	: プログラムがなければ選手が誰なのか分からないだろ。
ドロシー	: そうね、選手が誰なのか知りたいわ。
	: 例えば、ちょうど二盗しようとした若い選手が誰なのかとか？
アーニー	: 僕はマローン。
ドロシー	: 私はドロシー・ショー。何か用かしら、マローンさん。
アーニー	: 君はここで一番素敵な女性だよ、それを言おうと思ってここに来たんだ。かまわないかな？
ドロシー	: ちっとも。言っておくけど、お世辞は歓迎なの。
アーニー	: それなら、僕たちはうまくいきそうだな。
ドロシー	: なんでもっと前に私に声をかけなかったのよ。
アーニー	: それは… ちょっと仕事があってね。
ドロシー	: 休暇じゃないの？
アーニー	: 完全にはね。仕事の電話がくるからさ。
	: 実は、ちょうど悪い知らせがあったばかりでね。
ドロシー	: 悪いって？
アーニー	: 僕の２歳になる馬がもう走れなくなるんだ。脚の腱が炎症を起こしてしまって。この馬は３万か４万ドルの価値がある競走馬なのに。
	: お金のことを気にしているわけではないけどね。でもとてもいい馬だったからさ。

■ **for instance**
= for example

■ **Do you mind?**
「かまわないかい？」という許可を求める決まり文句で、控え目な言い方。元々は「気にしますか。嫌ですか」という意味で、「どうぞ、構いませんよ」と言いたい場合はNoと返答する。

■ **flattery will get you anywhere**
お世辞だと分かっているが不快な気分ではない場合に使われる口語表現の決まり文句で、「お世辞でも嬉しい、お世辞は大歓迎」という意味。類似表現にFlattery will get you nowhere. があり、こちらは、「ごまをすってもだめだ」という意味。

■ **we haven't any problems**
= we have no problems
特に英国英語でよく使われる表現。

■ **not entirely**
= this isn't entirely a vacation
「完全には休暇ではない」という意味。

■ **bowed a tendon**
「腱を弓形に曲げてしまった」→「屈腱炎になった」
屈腱炎とは、馬の脚の腱（アキレス腱に似た部位）が一部断裂し、腫れ・熱・痛みを伴い炎症を起こしている状態。治癒するまでに数か月から数年間を要するため、競走馬のガンと称される。腫れが弓のような形にも見えることから、英語ではこのように呼ばれる。

■ **he is worth thirty or forty thousand**
「Sis worth + 名詞」で「Sは〜に値する」の意味。

■ **not that I care about the money**
「(It is) not that 〜」で前文を受けて「だからと言って〜というわけではない」の意味。
ex. I agreed. Not that I am satisfied.（私は同意した。だからといって私が満足しているわけではない）

■ **might've been**
= might have been
仮定法過去完了。この場合、「(２歳になる競走馬がそのまま走ることができていたなら) その馬はいい馬だったろうに」の意。

DOROTHY	: Oh, no. You're not one of those, are you?	one of those　ああいう人たちの一人
ERNIE	: One of what?	
DOROTHY	: The kind who thinks he has to tell a girl how much money he has.	kind　特定の種類の人 how much money he has　どれくらいたくさん彼がお金をもっているか
ERNIE	: What's the matter with having money?	What's the matter with… I'm afraid you are ⊙
DOROTHY	: Yes, I'm afraid you are.	
	: Do me a favor, will you Malone? Go whistle up a rope.	Do me a favor, will you Malone ⊙ Go whistle up a rope ⊙
ERNIE	: Now, wait a minute.	wait a minute　ちょっと待ってください
DOROTHY	: You might as well know, I can't stand rich playboys who think all they have to do is talk…	stand　我慢する ⊙ playboy　遊び人, 道楽者 all they have to do is talk ⊙
ERNIE	: Now wait a minute! I'm not that bad all the time. Sometimes I'm very nice. Sometimes I just speak without thinking.	that bad　それほど悪く ⊙ all the time　いつでも, 常に
DOROTHY	: I get the picture. You're half sweet and half acid.	get the picture　事態を理解する sweet　優しい acid　意地の悪い
ERNIE	: Please, Miss Shaw. I made a mistake.	make a mistake　間違いを犯す
DOROTHY	: Yes, you did.	
ERNIE	: Honestly, someone gave me some bad information. Now that I've put my foot in it, it seems to me I remember that it wasn't you they were talking about, but your girlfriend.	honestly　正直に言って Now that… ⊙ put one's foot in it　まずいことを言う, どじを踏む it seems to me ⊙ not A but B　AではなくB
DOROTHY	: Oh, Lorelei.	
ERNIE	: Or am I wrong again?	wrong　間違っている
DOROTHY	: No, money is rather a hobby of Lorelei's.	rather　それどころか
LORELEI	: Oh, Piggy.	
ERNIE	: You're kinda worried about her, aren't you?	kinda　どちらかというと ⊙
DOROTHY	: You're very observing.	observing　観察力の鋭い
ERNIE	: Am I forgiven?	forgive　〜を許す
DOROTHY	: Considering the man shortage on this craft…	Considering the man…this craft ⊙

Gentlemen Prefer Blondes

ドロシー	：	あなたはああいう連中の一人じゃないでしょうね。
アーニー	：	ああいう連中？
ドロシー	：	お金をちらつかせて女性をくどこうとする連中のことよ。
アーニー	：	金持ちだと悪いのかい？
ドロシー	：	ええ、悪いわよ。
		お願いがあるんだけど、マローン。もう消えてちょうだい。
アーニー	：	ちょっと待ってくれよ。
ドロシー	：	お金のことさえ話せばいいって思っているお金持ちの遊び人には我慢できないの。
アーニー	：	待ってば！　僕はそれほどひどくはないよ。優しい時だってあるんだ。つい物を考えずに話してしまうんでね。
ドロシー	：	分かったわ。優しくて意地悪ってことね。
アーニー	：	頼むよ、ミス・ショー。僕が悪かった。
ドロシー	：	そうね。
アーニー	：	実は、よくないことを聞いたんだ。
		どじを踏んでしまったってことは、彼らが話していたのは君のことじゃなくて君の友達のことなんだね。
ドロシー	：	ローレライね。
アーニー	：	またしくじっちゃったかな？
ドロシー	：	そんなことないわ、お金はむしろ彼女の趣味よ。
ローレライ	：	もう、ピギーったら。
アーニー	：	彼女のことを心配しているんだろう？
ドロシー	：	私のことよく見てるのね。
アーニー	：	許してくれるかい？
ドロシー	：	この船では男性不足だから仕方ないわ。

■ What's the matter with …?
「…することがどうかしたのですか、問題がありますか」という決まり文句。ここでは「お金があることに問題があるのかい」の意味。類似表現に What's the matter with you?「どうしたのですか」がある。

■ I'm afraid you are
= I'm afraid you are the kind who thinks he has to tell a girl how much money he has.

■ Do me a favor, will you Malone?
「お願いがあるんだけど」の意味。do me a favor で「お願いがあります」の意。
「…, will you ?」は命令文で使われる付加疑問文であり、「…しなさいね」という穏やかな口調の命令文になる。

■ Go whistle up a rope.
= Go away
「消えてちょうだい」という意味で、かなり古い表現。

■ stand
= bear; endure; tolerate

■ all they have to do is talk
「All (人) have to do is (to) V…」で「(人)がしなければならない全てのことは～することだけだ、すべきなのは～することだけだ」の意味。
ex. All you have to do is (to) do your best.（君は最善を尽くしさえすればよい）

■ that bad
副詞の that で「それほど、そんなに」という意味。前述の具体的な数量・程度を指して形容詞・副詞を修飾する。

■ Now that…
「今や…だから」の意味。
ex. Now that he has gone, I can no longer see him.（彼は行ってしまったのでもう会えない）

■ it seems to me
「It seems (to + 人) that S + V」で「S が V であるように(人に)思われる、S が V であるらしい、S が V するようだ」の意味。
ex. It seems to me that he knows everything.（彼は何でも知っているようだ）

■ kinda
= kind of
的確な表現が見つからない、またはあいまいにぼかす時の言い方。

■ Considering the man...this craft
「consider + O + C」で「O が C とみなす」となる。craft は「船舶」の意味。

69

ERNIE	: Good. We'll start all over again and I promise that I...	start all over again 最初からやり直す promise 約束する ♪
ERNIE	: We're gonna be interrupted.	interrupt ～を妨げる，一時中断する

12 *Piggy and Lorelei return to the table.*

PIGGY	: We've just had a jolly time, what?	jolly 楽しい what ねえ，そうだろう ♪
DOROTHY	: Oh, Mr. Malone, Miss Lee and Piggy. There I go again.	there I go again ♪
PIGGY	: Sir Francis Beekman.	
ERNIE	: How do you do?	How do you do ♪
LORELEI	: How do you do?	
ERNIE	: Hi.	
LORELEI	: Oh, Dorothy. Piggy is the super-best dancer. So light on his feet, you'd never believe it.	super-best ♪ light 軽い on one's feet 立っている状態で
DOROTHY	: I was sure he would be.	he would be ♪
PIGGY	: Oh, no. Say, you're just trying to flatter me. That…	Say おい，ねえ ♪ flatter お世辞を言う
LORELEI	: What's the matter?	
PIGGY	: Oh, Lady Beekman. My wife.	
DOROTHY	: I thought it was his diamond mine.	
PIGGY	: There you are, my dear. Won't you come and join us?	There you are ♪ Won't you come and join us ♪
LADY B	: I just have.	I just have ♪
PIGGY	: Quite so, my dear. Oh, may I present Miss Lee.	quite so まったくその通り ♪ may I present ♪
LADY B	: How do you do?	
PIGGY	: Miss Shaw.	
DOROTHY	: Hi.	
PIGGY	: Mr...	
ERNIE	: Malone. How do you do?	
LADY B	: How do you do?	

Gentlemen Prefer Blondes

アーニー	：よかった。やり直そう、約束するよ、今度は…

■ promise
I promise that I won't mention money again.(もうお金のことを話さないと約束するよ)と言いかけたと考えられる。

アーニー	：もう話していられなさそうだな。

ピギーとローレライがテーブルに戻ってくる。

■ what?
文末に置かれ、同意を求める際に使われる。
ex. A fine morning, what?(いい朝だねえ)

■ There I go again.
「ほらまたやっている、またそれを言う、ああまただ」という意味の決まり文句。自分が不愉快なことを繰り返す時に出る表現。ここでは、またお互いを紹介しあうという同じ行動をとっている自分に対して発している。

■ How do you do?
(初対面の人に対して)「はじめまして」という意味で用いられる決まり文句である。言われた側も同様に How do you do? で返す。ただし、この表現は今はあまり一般的ではなく使用頻度は低い。Nice to meet you の方が一般的である。

■ super-best
接頭辞「super-」には「(程度が標準より)上の、超越した」という意味がある。ここでは、「ものすごく上手な」の意味。

■ he would be
= he would be the super-best dancer
would は「～だろう」の意味。助動詞の would は他にも過去の習慣や仮定法と合わせて用いられる。

■ Say
間投詞として使われている。驚き・抗議・賞賛などを表す。

■ There you are.
やっと見つけた、こんなとこにいたのか

■ Won't you come and join us?
Won't you …? で「… しませんか」という意味で、Will you please…? とほぼ同意。

■ I just have
= I just have come and joined you.

■ Quite so.
「まったくその通り、まったくそうだ」の意味。相槌、賛成の返事として使う。

■ may I present
May I present…? で「…を紹介します」という意味で、人を紹介する時の表現。文末にピリオドが使われる場合もある。少し堅苦しい表現なので、Let me introduce Mr. A to you. や Meet Mr. A. や I want you to meet Mr. A. の表現が一般的である。

ピギー	：実に楽しい時間だったね。
ドロシー	：マローンさん、こちらはミス・リーとピギーよ。また人の紹介してるのね、私。
ピギー	：フランシス・ビークマン卿だ。
アーニー	：初めまして。
ローレライ	：よろしく。
アーニー	：やぁ。
ローレライ	：ねぇドロシー、ピギーったらすごくダンスが上手なの。信じないでしょうけど、足が浮いているように軽いの。
ドロシー	：結構ですこと。
ピギー	：いやいや、お世辞だろ。あれは…
ローレライ	：どうしたの？
ピギー	：私の家内だよ。
ドロシー	：ダイヤモンドの宝庫ね。
ピギー	：やっと見つけたぞ。一緒にどうだい？
ビークマン夫人	：もう話に加わってるわ。
ピギー	：あぁそうだったね。ミス・リーを紹介するよ。
ビークマン夫人	：初めまして。
ピギー	：こちらがミス・ショー。
ドロシー	：こんにちは。
ピギー	：彼は…
アーニー	：マローンです。初めまして。
ビークマン夫人	：初めまして。

LORELEI	: A pleasure, I'm ever so sure.	a pleasure （お会いできて）光栄です ❂ I'm ever so sure ❂
LADY B	: Thank you.	
DOROTHY	: Thank you.	
PIGGY	: Come sit down, my dear. We're having a jolly time.	
LORELEI	: Lady Beekman, that's the most beautiful jewelry I've ever seen in my whole life.	the most beautiful jewelry I've ever seen ❂ in my whole life 私の人生で
LADY B	: Oh, I am quite proud of the earrings. Heirlooms, you know. Been in the family for ages.	be proud of... ～を誇りに思う earrings イヤリング, 耳飾り heirloom 先祖伝来の家財 Been in the family for ages ❂
LORELEI	: You'd never know it. They look just like new.	You'd never know it ❂ look like ～のように見える ❂
LADY B	: Oh. Quite.	Quite まったくその通り ❂
	: You might be interested in my tiara. I always carry it with me. Afraid to leave it in the state room.	might ひょっとして～かもしれない carry ～を携行する, 持ち歩く afraid to こわくて～できない leave 置き忘れる state room （客船の）個室
DOROTHY	: And you're not afraid to show it to Lorelei?	
LORELEI	: Oh, stop. Lady Beekman won't know you're teasing.	tease からかう
LORELEI	: Look! Did you ever? Anywhere, anything like it?	Did you ever ❂ anywhere どこかで
PIGGY	: All blue stones. Cozy little job, what?	cozy little job ❂
LORELEI	: May I just hold it for a minute?	hold ～を手に持つ for a minute 少しの間, 一瞬 ❂
LADY B	: Of course.	
LORELEI	: How do you put it around your neck?	
DOROTHY	: You don't, lovey. It goes on your head.	
LORELEI	: You must think I was born yesterday.	must ～に違いない ❂ be born 生まれる other 他の
DOROTHY	: Well, sometimes there's just no other possible explanation.	possible 可能な explanation 説明
LADY B	: No, no, my dear. She's quite right.	
LADY B	: Like so. It's a tiara.	like so こういうふうにして ❂

Gentlemen Prefer Blondes

ローレライ　：お会いできて光栄ですわ。

ビークマン夫人：そうですわね。

ドロシー　：そうですわね、だって。

ピギー　：さぁ座って。私たちも楽しんでいるところだよ。

ローレライ　：ビークマン夫人、そんなに美しい宝石を今までに見たことないですわ。

ビークマン夫人：あら、これは自慢のイヤリングなのよ。先祖代々受け継がれているものなの。ずっと古くから我が家にあるわ。

ローレライ　：信じられない。新品のように見えますわ。

ビークマン夫人：そうね。
　　　　　　　：私のティアラも気に入るかもしれないわね。いつも持ち歩いているのよ。こわくて部屋に置いておけないから。

ドロシー　：なのにローレライに見せるのはこわくないの？

ローレライ　：ちょっと、やめてよ。ビークマン夫人はあなたが冗談を言っているって分からないでしょ。

ローレライ　：見て！　今までどこかでこんなの見たことある？

ピギー　：全てブルーストーンでできているんだ。いいだろう？

ローレライ　：ほんの少しだけ触らせていただけるかしら？

ビークマン夫人：もちろんいいわよ。

ローレライ　：どうやったら首回りにはめられるかしら？

ドロシー　：ちょっと、頭にのせるものでしょ。

ローレライ　：赤ん坊扱いしないで。

ドロシー　：赤ん坊としか思えない時があるけどね。

ビークマン夫人：彼女の言う通りよ。

ビークマン夫人：こうやってティアラは頭に乗せるのよ。

■ a pleasure
誰かに紹介された時の丁寧な表現。

■ I'm ever so sure.
I'm sure は文頭・文中・文末のいずれでも使うことができ、「本当に、確かに」という相手を安心させたり相手に強く言ったりするという様々な働きをもつ表現。ever so は「とても、大変」という意味。ここでは、「ビークマン夫人にお会いできて本当に光栄だ」という意味を強調している。

■ the most beautiful jewelry I've ever seen
「the 最上級 + 名詞 + (that) S + have/has ever + 過去分詞」で「Sが今まで…した中で最も～」という意味。

■ Been in the family for ages.
= the earrings have been in the family for ages
「ずっと古くから我が家にあるわ」の意。for ages は「長い間」という意味で、a long time の誇張表現。

■ You'd never know it.
= You'd never know these earrings are very old.
ここでは、ビークマン夫人のイヤリングを褒めている。

■ look like
like の後ろには名詞がくる。

■ Quite
= quite so; just so
相づちする際に用いられる。
ex. "He is a nice fellow." "Quite." (「彼はいい男だ」「まったくその通り」)

■ Did you ever?
= Did you ever see anything like it anywhere?

■ cozy little job
cozy は「こぢんまりとした」の意味。ここでは、ダイヤのティアラを作ることは大したことはないと言いながら、実は自慢している。

■ for a minute
文字通りには「1分間」だが、そこから「少しの間」の意味。同様に類似の表現としてfor a second「一瞬」がある。

■ must
状況から判断して確かだという強い確信を表す。何かを決めつける時によく使われる。

■ like so
= in this way
何かのやり方を示しながら使う表現。

73

LORELEI	: You do wear it on your head! I just love finding new places to wear diamonds.	you do wear it ⊙ on one's head 頭の上に love finding ⊙
PIGGY	: There's the music. If you'll excuse me, my dear. Miss Lee has promised me this next dance.	excuse （人）に退席・退出を許す
LADY B	: We've got to dress for dinner now.	we've got to dress for dinner 夕飯に備えて
PIGGY	: But it's only…	
LADY B	: We must go, Francis.	
PIGGY	: Oh, well, all right. Au revoir.	Au revoir （仏）⊙
LORELEI	: A very pleasant au revoir to you.	
PIGGY	: Thank you.	
LADY B	: Oh! My tiara. Thank you.	
ERNIE	: Poor fella. Two-to-one she keeps him locked in her closet for the rest of the trip.	poor かわいそうな, 哀れな fella （…な）男 two-to-one ⊙ she keeps him locked in her closet ⊙ the rest of ⊙
DOROTHY	: Listen, I'd be grateful if she did.	grateful ありがたく思う, うれしく思う if she did ⊙
LORELEI	: I think he's cute.	
DOROTHY	: That's not the point. You know very well what I mean. You and that—	That's not the point ⊙
	: What are you doing?	
LORELEI	: Just testing. Wonder what I'll wear it with when I… How does it look?	test 〜を試す How does it look ⊙
DOROTHY	: Exactly like trouble.	exactly like trouble ⊙

13

INT. SHIP GRAND HALL – EVENING – Piggy talks with another man over dinner.

		over dinner 食事をしながら ⊙
PIGGY	: I told the coalition leader that what we need is a man who can do something about…	coalition leader ⊙ what we need ⊙ something 何か
LADY B	: Finish your story, dear.	
CAPTAIN	: Merci, madame.	以下の明朝体はフランス語（本欄は英語訳） Thank you, madame. ⊙

ローレライ	: そうよ、頭にのせるのよ！ ダイヤを飾られる場所を見つけるのってほんと楽しい。
ピギー	: さぁ音楽が流れてきたぞ。ちょっといいかな。彼女とこの次に踊る約束をしてるもんでね。
ビークマン夫人	: もう夕飯の着替えをしなきゃいけないのよ。
ピギー	: でもまだ…
ビークマン夫人	: 行くわよ、フランシス。
ピギー	: わかったよ。さようなら。
ローレライ	: 楽しかったわ。
ピギー	: じゃ、また。
ビークマン夫人	: あら、ティアラを忘れるところだったわ。ごきげんよう。
アーニー	: かわいそうに。2対1の関係だな。旅の間中ずっと彼を戸棚に閉じ込めておくつもりだぞ。
ドロシー	: あら、そっちの方がありがたいわ。
ローレライ	: 彼ってかわいいわ。
ドロシー	: そういう問題じゃないでしょ。私の言うこと分かるわよね。あんたとあの人は―
	: 何してんのよ？
ローレライ	: 試してみてるだけ。どんなドレスが似合うかしら… どう？
ドロシー	: 大変なことになるわね。

屋内 – 船内の大広間 – 夕方 – ピギーが夕食をとりながら他の男性と話をする。

ピギー	: 責任者に言ったんだ、我々に必要なのは決断力のある…
ビークマン夫人	: 話を終わらせなさいよ。
船長	: ありがとうございます、お客様。

■ You do wear it
do は一般動詞 wear の強調で「本当に、やっぱり」の意味。
ex. I do believe it.（私はそれを本当に信じます）

■ love finding
「love + ~ing/to ~」で「~することが大好きである」の意味。

■ We've got to dress
= we have to dress

■ Au revoir
= Good bye

■ two-to-one
「2対1だな」の意味。ここでは、ピークマン夫人とピギーの夫婦間における力関係について言っており、ピークマン夫人がピギーよりも力が上であることを意味している。

■ she keeps him locked in her closet
「keep + O + 過去分詞」で「O を~された状態のままにしておく」となる。

■ the rest of
「the rest of + 名詞」で「~の残り」という意味。

■ if she did
「もし~ならば」という現実には起こる可能性が低い出来事に関する仮定を言う仮定法過去。現在の話をしていても動詞は過去形にする。ここでは、「もし彼女がそうしたなら」の意味。

■ That's not the point.
そういう問題ではない、論点がずれている。

■ How does it look?
「How + do/does + S + look?」で「S はどうですか？」という意味で、仕上がりを尋ねる表現。

■ Exactly like trouble.
= It looks exactly like trouble.

■ over dinner
前置詞 over には「~しながら、~を飲み/食べながら」という意味がある。上にかがむ姿勢を示すことからこの意味を表す。

■ coalition leader
coalition は「（党・国家などの一時的）連合、合同」という意味。ここでは、会社内外の各部門を指すとみなして、「責任者」とした。

■ what we need
「what + S + do」で「S が~すること」という意味で、この what は関係代名詞。ここでは、「私たちが必要なこと」の意味。

■ madame
= ma'am; Mrs.
女性に対する敬称で「~さん、~女史、~夫人」

WAITER : Your table, madame.

ERNIE : Good evening, Miss Lee and Miss Shaw. This is Mr. Crossley.
DOROTHY: How do you do?
ERNIE : Mr. Franklin.
FRANKLIN: ...do?
ERNIE : Mr...?
MASON : Mason. How do you do?
ERNIE : And...
BROOKS : Mr. Brooks. How do you do?
BOTH : How do you do?
LORELEI : Isn't Mr. Henry Spofford the third here?
ERNIE : Not yet, but I believe this is his chair.
FRANKLIN: You're here, Miss Lee.
MASON : Ah, Miss Shaw, you're over here.
DOROTHY: Thank you.
LORELEI : Pardon me. My girlfriend's too shy to ask, but could she please have your seat?

CROSSLEY: But of course.
LORELEI : She gets sick if she rides backwards.
DOROTHY: I'm sorry.
CROSSLEY: Not at all.
DOROTHY: How does it happen that we are at the same table?
ERNIE : This is the seat they assigned me, lady.
DOROTHY: How much did it cost you?
ERNIE : I can't tell you. You'd get too conceited.
LORELEI : You're Mr. Franklin, aren't you?
FRANKLIN: Yes.
LORELEI : Are you enjoying the trip?
FRANKLIN: Oh, I...
LORELEI : How many times have you crossed?
MASON : This is my third...

---

not yet ⊙

over here こちらに

My girlfriend's too shy to ask ⊙
could she please ⊙
seat 座席
have your seat あなたの席に座る
But of course ⊙
get sick 病気になる
if she rides backwards ⊙

Not at all とんでもありません, 大したことありません, 大丈夫ですよ ⊙
How does it...same table ⊙

assign 〜を割り当てる

How much did it cost you ⊙

You'd ⊙
conceit うぬぼれの強い, 思い上がった

enjoy 楽しむ

how many times ⊙
cross 横断する, 渡る ⊙
third 3回目

ウェイター	：こちらです、お客様。
アーニー	：こんばんは、ミス・リーにミス・ショー。こちらはクロスリーさん。
ドロシー	：はじめまして。
アーニー	：こちらはフランクリンさん。
フランクリン	：はじめまして。
アーニー	：こちらは…
メイソン	：メイソンです。はじめまして。
アーニー	：そして…
ブルックス	：ブルックスです。はじめまして。
二人	：はじめまして。
ローレライ	：ヘンリー・スポフォード3世は？
アーニー	：まだだけど、彼の席はここだよ。
フランクリン	：ミス・リーはこちらの席です。
メイソン	：ミス・ショー、あなたはこちらです。
ドロシー	：ありがとう。
ローレライ	：すみません、彼女は恥ずかしがり屋で言い出せないのですが、あなたの席と変わっていただけませんか。
クロスリー	：もちろんいいですよ。
ローレライ	：進行方向と逆だと船酔いしちゃうから。
ドロシー	：すみません。
クロスリー	：かまいませんよ。
ドロシー	：なんで私達が同じテーブルなのよ？
アーニー	：ボーイが決めたんだよ。
ドロシー	：いくら払ったの？
アーニー	：内緒だよ。君はのぼせるからな。
ローレライ	：フランクリンさんですよね？
フランクリン	：はい。
ローレライ	：旅行を満喫なさってますか。
フランクリン	：ええ…
ローレライ	：これで何回目ですの？
メイソン	：3回目で…

■ Not yet
「まだ（話の対象となっている行動を起こしていない、事態になっていない）」という意味の決まり文句。

■ My girlfriend's too shy to ask
「S is too + 形容詞/副詞 + to do」で「Sはあまりに～すぎて…できない」となる。

■ could she please
「Could S please + V…?」で「Sが～してもよろしいですか」という丁寧な依頼の表現。

■ But of course.
「もちろんですとも」という意味。副詞のbutには「まさに、絶対に」という意味がある。頼みごとに対する「いいですよ」という好意的な返答をより強めている。

■ get sick
「get + 形容詞」で「～になる」という状態の変化を表す。

■ if she rides backwards
rideは「～に乗って進む」で、backwardsは「後ろ向きに、逆に」という意味の副詞でbackwardの同意語。ここでは、船の進行方向に対して後ろ向きの席に座ることを意味している。

■ Not at all.
I'm sorryに対する丁寧な返答。

■ How does it...same table?
「it happens + that節」で「偶然～ということである」となる。
ex. It happened that I met him.（私は偶然彼に出会った）

■ How much did it cost you?
「It costs + 人 + 金額 + to V」で「Vするのに人にいくら費用がかかる」という意味。「人」が省略される場合もある。ここでは、金額の部分を尋ねる疑問文となっている。
ex. It cost (us) a billion dollars to build the museum.（博物館建設に10億ドルかかった）

■ You'd
= You would
ここでのwouldは、「ひょっとすると～かもしれない、たぶん～でしょう」という推量を表す。

■ How many times
How many times…? で「何回…ですか？」という回数を尋ねる表現。

■ cross
ここでは船で米国からフランスへと横断することを指している。

LORELEI : Don't you feel alone out on the big ocean?
CROSSLEY: Well, I ah…
LORELEI : I just adore conversation, don't you?
FRANKLIN: Most certainly.
MASON : Yes.
CAPTAIN : Pardon, monsieur.
: Mademoiselle, Mr. Spofford is here.
LORELEI : Oh. Dorothy.
: Pardon me for whispering.
: Now, please try to make a good impression.
DOROTHY: Okay.
CAPTAIN : Right this way, sir.

CAPTAIN : Mr. Henry Spofford.
HENRY : Hello.
MEN : Hello.
HENRY : Hello.
: Hello.
DOROTHY: Well, Mr. Spofford. Are you traveling by yourself?
HENRY : No, I've got a valet, a tutor and a trainer.
DOROTHY: Well, ah, pardon my saying so and all, but having heard so much about you I expected you to be much older.
HENRY : I'm old enough to appreciate a good-looking girl when I see one.
: This promises to be quite a trip.
: Personally, I don't intend to miss a meal.
DOROTHY: How am I doing?

14
INT. SHIP BAR – NIGHT – Ernie enters the bar with Dorothy and Lorelei. They look around for a table in the crowded room.

ローレライ	：	広い海の上で独りで寂しくありませんか。
クロスリー	：	ええと私は…
ローレライ	：	おしゃべりって本当大好き。
フランクリン	：	そうですね。
メイソン	：	そう思いますよ。
船長	：	失礼します。
	：	お客様、スポフォード様がいらっしゃいました。
ローレライ	：	ドロシー。
	：	ちょっと失礼。
	：	お願いだから、印象よくしてね。
ドロシー	：	分かったわよ。
船長	：	こちらです。
船長	：	ヘンリー・スポフォード様です。
ヘンリー	：	こんばんは。
男性達	：	こんばんは。
ヘンリー	：	こんばんは。
	：	こんばんは。
ドロシー	：	スポフォードさん、お一人で旅行しているの？
ヘンリー	：	違うよ、付き人、家庭教師、体育教師とさ。
ドロシー	：	こんなこと言うのは失礼ですけど、噂を聞いていたからもっと年配の人かと思っていたわ。
ヘンリー	：	美人を観賞するには十分大人だよ。
	：	楽しい旅になりそうだよ。
	：	でも、まずは食事さ。
ドロシー	：	うまくやっているかしら。

屋内 – 船のバー – 夜 – アーニーがドロシーとローレライと一緒にバーに入る。混雑した店内で席を探して見回す。

■ ocean
通例 sea より大きな海の意味に用いるが、米語では時に sea の代用としても使われる。
■ adore
like や love よりも意味が強い。主に女性、特に女子学生に好んで使われる語。
■ conversation
= talk; chat
■ don't you
= don't you too?
■ Pardon
= I beg your pardon.
ここでは会話をさえぎってしまうことに対する詫び。
■ Pardon me for
「pardon + O + for doing」で「O が〜したことを許す」の意。「pardon + O's + doing」という表現もできる。
ex. Pardon me for being late. = Pardon my being late.（遅れてすみません）
■ Right this way.
人を案内する時に使う表現。

■ by oneself
= alone
■ having heard so much about you
= because I had heard so much about you
「あなたについてたくさん噂を聞いていたから」の意味。
以前にローレライがピギーに対してお世辞を言うために使った表現を、ドロシーが予想より遥かに幼いヘンリーに対して使っているコメディ要素の高いセリフ。(p62)
■ I expected you to be much older
「expect + O + to do」で「O が〜するだろうと思う」の意味。
■ old enough to appreciate
「形容詞 + enough (for) to do」で「(O が) 〜するには十分…だ」となる。
ex. She was kind enough to show me the way.（彼女は親切にも道を教えてくれた）
appreciate は「〜を鑑賞する、〜のよさを味わう」の意。
■ one
= a good-looking girl
■ quite a trip
「quite a …」で「ほんとうに（すばらしい）…」のとなる。
■ How am I doing?
「うまくやっているかしら？」という意味。
do は「（仕事・勉強などを）やっていく」の意。

ERNIE	: Hey, there's a place over there.	place 席
DOROTHY	: Oh, Ernie, would you get us some cigarettes?	get us some cigarettes
ERNIE	: Sure.	
LORELEI	: I can't get over that passenger list. Calling a young boy "mister." A girl could waste a whole trip to Europe if she trusted a passenger list.	can't get over ～を信じられない passenger 乗客 calling a young boy "mister" waste 無駄にする, (機会を)利用し損なう Europe ヨーロッパ trust ～を信用する better いっそのこと give up 諦める
DOROTHY	: Then you think we better give up the whole idea, huh?	
LORELEI	: Well, if he were 16 or 17, you could marry him in Tennessee.	Tennessee テネシー州
ERNIE	: Seemed a good idea to bring some drinks. Here are your cigarettes.	Here are your cigarettes dear いとしい, かわいい
DOROTHY	: Oh, you're a dear good boy.	
LORELEI	: I've been wondering. What's your line, Mr. Malone?	line 職業, 商売, 専門, 口説き文句
ERNIE	: My line?	
	: Well, my most effective one is to tell a girl that she has hair like a tortured midnight, lips like a red couch in an ivory palace... and I'm lonely and starved for affection.	effective 効果的である, 効き目がある, 印象的な like ～のような tortured 苦難の, 複雑でわかりにくい couch (片ひじ付きの)寝いす, 長いす ivory palace 象牙の宮殿 lonely 一人ぼっちの, 孤独な starved for ～に飢えている affection 愛情
	: Then I generally burst into tears.	generally たいてい burst into tears 急に泣き出す very seldom works You idiot ばかだなあ
	: Very seldom works.	
DOROTHY	: You idiot.	
LORELEI	: No. I mean, what do you do for a living?	living 生計, 収入, 生活費 that kind of そのような種類の
ERNIE	: Oh, that kind of a line.	
	: Nothing, I'm afraid. Just clip coupons and live off the fat of the land.	clip coupons クーポン券や割引券を切り抜く live off the fat of the land ぬくぬくと暮らす
LORELEI	: Coupons. That's like money, isn't it?	
ERNIE	: Very similar.	similar 似ている
LORELEI	: I'm so pleased Dorothy's taken an interest in you. I mean, she's never been interested in anyone worthwhile.	pleased うれしい take an interest in ～に興味を持つ anyone worthwhile 価値のある誰か

アーニー	: あそこにしよう。
ドロシー	: アーニー、タバコ買ってきてくれる？
アーニー	: もちろんさ。
ローレライ	: あの乗客名簿信じられないわ。小さい男の子を大人呼ばわりして。ヨーロッパまでの旅を台無しにするところだったわ。
ドロシー	: 計画を諦めた方がいいってことね？
ローレライ	: もしあの子が16か17歳なら、テネシーで結婚できるのに。
アーニー	: 飲み物持ってきたよ。はい、タバコ。
ドロシー	: いい子ね。
ローレライ	: ずっと考えていたんだけど、あなたの専門は何？
アーニー	: 専門？
	: 女性にこう言うことかな、もだえる夜のような髪、象牙の宮殿にある赤いソファのような唇を持っているね… 僕は寂しがり屋で愛に飢えているんだってね。
	: そうしてたいてい僕が泣くんだ。
	: ほとんど効果がないけどね。
ドロシー	: 馬鹿な人ね。
ローレライ	: 私が言っているのは職業のことよ。
アーニー	: ああ、仕事のことだね。
	: 無職だよ。クーポン券を切り抜いたりしてぬくぬく暮らしているだけさ。
ローレライ	: クーポン券。それってお金のようなものよね？
アーニー	: すごく似ているね。
ローレライ	: ドロシーがあなたに興味を持ってくれて嬉しいわ。だって、お金のある人に全然興味を示さなかったんだもん。

Gentlemen Prefer Blondes

■ **get us some cigarettes**
「get + 人 + 物」で「人にものを手に入れて[買ってきて]やる」。ここでは「私たちにタバコを買ってくる」という意味になる。cigarette は「紙巻タバコ」を指し、日本で一般的に売られているタバコは cigarette である。tobacco は「刻みタバコ」を指し、タバコの葉っぱが紙に巻かれておらずに刻まれた状態でそのまま袋に入っているものを指す。欧米では、タバコの値段が高いため、刻みタバコを買って自分で紙で巻いて吸う人がいる。

■ **Calling a young boy "mister".**
= I can't get over that passenger list, which calls a young boy "mister."
本来は前文とつながっており、that passenger list がどういうものかを説明している。

■ **Here are your cigarettes.**
「Here are S.」で「(提示して) これが〜だ」の意味。
ex. "Hello, here's your breakfast." "Could you leave it there?"（「すみません、朝食をお持ちしました。」「そこに置いておいていただけますか」）

■ **dear**
little や old を伴って愛情をこめた呼びかけにも用いられる。

■ **line**
line は多義語であり、ここではアーニーの職業について尋ねているが、アーニーは自分のお決まりの口説き文句について尋ねられたと捉えた。

■ **affection**
= love

■ **Very seldom works.**
= It very seldom works.
It は前文の急に泣き出すことを指す。
seldom は「めったに〜ない」の意。work は「(計画・方法などが) うまくいく、(薬・力などが) 効く」の意。

■ **that kind of**
名詞で使われる kind には「種類」とい意味がある。

■ **pleased**
「be pleased that S + V…」で「S が V してうれしい」という意味。ここでは、that が省略されている。
ex. She was pleased that he felt she had been helpful.（彼女は自分が役に立ったと彼が思ってくれているのがうれしかった）

■ **anyone worthwhile**
「someone +形容詞」で「〜な誰か」となる。ここでは否定文の中で使われているため someone が anyone となっている。
worthwhile で「時間・金・労力をかける価値がある」の意。

ERNIE	: No taste, eh?	taste　センス, 審美眼
DOROTHY	: No, I'm a hobo collector. I might even find room for you.	hobo　渡り労働者, 浮浪者 ⊙ collector　収集家 room　余地 ⊙
LORELEI	: She's joking, Mr. Malone.	joke　冗談を言う
ERNIE	: I hope not, I'm kinda counting on it.	I hope not ⊙ count on　〜を期待する catch on to　（意味・冗談など を)その場で理解する, 気づく
LORELEI	: Some people don't catch on to Dorothy's jokes.	
ERNIE	: I'm gonna try.	
LORELEI	: That's good. Dorothy's the best and loyalest friend a girl ever had. She'll make some man a wonderful wife. You'll find out.	the best and…ever had ⊙ loyal　誠実な, 誠意のある she'll make some man a wonderful wife ⊙
	: Well, I've got to be going.	
DOROTHY	: Going? Where?	
LORELEI	: Don't worry about me. I'm only concerned about you two. There's a wonderful moon out tonight.	Don't worry about　〜について心配しないで be concerned about　〜を心配する, 気にかける moon　月 out　外に
PIGGY	: Well, well, well. There you are. I say, Miss Lee, will you dance with me? I shall be jolly well pleased if you do.	I say　おや, ねえ, そうだ ⊙ dance　踊る
LORELEI	: Thank you ever so. I'd love to. Fact is, if you hadn't asked me, I was going to ask you.	Fact is　実は ⊙
PIGGY	: Really? Well, by Jove! I just… I say, will you excuse us?	

EXT. SHIP DECK – NIGHT – Dorothy and Ernie stroll arm-in-arm down the deck.

stroll　散歩する
arm-in-arm　仲良く腕を組んで ⊙

DOROTHY	: Oh, Ernie. Do you remember last night?	
ERNIE	: Very well.	Very well ⊙
DOROTHY	: No, I mean when we were talking about the moon. You said it reminded you of a moon you'd seen in Coney Island.	Coney Island　コニーアイランド ⊙

アーニー　：センスがないんだろ？
ドロシー　：ダメ男の収集家なの。あなたも拾ってあげるわよ。
ローレライ：冗談言ってるだけよ、マローンさん。
アーニー　：そうじゃないといいな、拾ってもらいたいけど。
ローレライ：ドロシーの冗談に気づかない人もいるのよ。
アーニー　：気づけるようにやってみるよ。
ローレライ：よかった。ドロシーは世界一素晴らしい友達なの。いい奥さんになるわ。あなただってきっとわかる。

　　　　　：じゃ行くわね。
ドロシー　：行くって？　どこへ？
ローレライ：私のことは心配しないでいいの。あなたたち二人のことが気になっただけだから。今夜は素敵な月が見られるわよ。

ピギー　　：おやおや。ここにいたのか。私と踊ってくれるかな、ミス・リー？　君が踊ってくれたらすごく嬉しいよ。
ローレライ：ええいいわよ。ほんとは、あなたが言ってくれなかったら、私がお願いしようと思っていたの。
ピギー　　：本当かい？　嬉しいね。それでは失礼。

屋外－船のデッキ－夜－ドロシーとアーニーが仲良く腕を組んでデッキを散歩している。

ドロシー　：ねえ、アーニー。昨夜のこと覚えている？
アーニー　：よく覚えているさ。
ドロシー　：月について話していた時のことよ。コニーアイランドの月を思い出すって言ったわよね。

■ hobo
米国で19世紀後半から1930年代の不景気の時代に、仕事を求めて渡り歩いた貧しい労働者を指す。やや古めかしい語。
■ room
roomには「部屋」という意味の他に「余地・機会・可能性」という意味があり、数えられない名詞として使われます。ここでは「余地」という意味で使われている。
ex. Your essay is impressive, but there's room for improvement.（あなたの作文はすばらしいけれどまだ改善の余地がある）
■ I hope not.
= I hope she is not joking.
■ the best and...ever had
「the ＋ 最上級 ＋ 名詞 ＋ S has ever 過去分詞 / S ever 過去形」で「Sが〜した中で最も…」となる。everは「これまでに」という意味の副詞で、現在完了と過去形のどちらの時制でも使うことができる。
ex. He was the toughest opponent I ever fought.（彼は私が闘った中で最も手強い対戦相手だった）
■ She'll make some man a wonderful wife.
= She will become a wonderful wife to some man.
「make ＋ A ＋ B」で「AにBを作ってあげる」となる。「some ＋ 数えられる名詞の単数形」で「ある〜」という、詳細を知らない人や物事について言うときに使う。ここでは、a manと同意。
■ I say
注目をひいたり会話を始めたり着想を思いついたときに口に出す表現で、ストレスは置かれない。ストレスを置いて口に出すと、驚き・抗議・賞賛などを表すことになる。イギリス英語の少し古いくだけた表現。
■ Fact is,
= The fact is,

■ arm-in-arm
「体の部位 ＋ 前置詞 ＋（同じ）体の部位」で「〜に触れ合って、向き合って」という意味になる。体の部位によって繋ぐ前置詞が変わる。他にface to face「向かい合って、対面して」やshoulder to shoulder「肩を触れ合って」等の表現がある。
■ Very well
= I remember last night very well.
■ Coney Island
ニューヨーク市ブルックリン区南部の海岸行楽地。遊園地などがある米国でもっとも有名な行楽地の一つ。

83

ERNIE	: Well, it could have been the same one. Why?	it could have been the same one ⊙
DOROTHY	: Well, I remember that I was wondering what a rich young man like you were doing in Coney Island.	rich お金持ちの
ERNIE	: Oh, well… I…	
DOROTHY	: I rather thought you'd be in Bermuda or Palm Beach or...	Bermuda バミューダ諸島 ⊙ Palm Beach パームビーチ ⊙
DOROTHY	: Wonder if I should go in and break that up.	wonder if ～かしらと思う go in 中に入る
ERNIE	: They're just dancing… out in public. Can't make much of a case out of that.	just ただ～だけ in public 公然と, 人前で Can't make much of a case out of that ⊙
DOROTHY	: You sound like a detective.	sound like ～のように思われる detective 探偵
ERNIE	: Oh, come on. Let's go find our moon and forget about your girlfriend.	come on ⊙ forget about ～のことを忘れる
DOROTHY	: Anyway, I'd probably get in trouble if I pushed Piggy overboard.	anyway いずれにせよ, とにかく probably たぶん get in trouble 厄介ごと・トラブル・面倒なことに巻き込まれる overboard 船外に, 船から水中に
ERNIE	: Not with me. : Anyway, why blame Piggy? It's not all his fault.	Not with me ⊙ blame ～を責める fault （誤り・落ち度の）責任・罪
DOROTHY	: No, I s... : Just what did you mean by that remark?	what did you mean by that remark ⊙
ERNIE	: Well, let's say I just can't figure out how two girls can be so different and be such good friends.	let's say 言ってみれば ⊙ figure out （考えた末）～を理解する, ～が分かる such 非常に～な
DOROTHY	: Now, listen, Malone. Let's get this straight. Nobody talks about Lorelei but me. : She's quite a girl. You just don't know her.	but me 私以外は ⊙ quite a girl 本当にいい子よ
ERNIE	: You don't mind if I like you better, do you?	you don't mind if I like you better ⊙
DOROTHY	: We settled that quarrel in a hurry.	settle that quarrel けんかに決着をつける in a hurry 急いで

Gentlemen Prefer Blondes

アーニー	:	懐かしいなあ。なぜだい？
ドロシー	:	あなたのようなお金持ちがコニーアイランドで何をしていたのかと思って。
アーニー	:	それは、えっと…
ドロシー	:	むしろあなたはバミューダ島やパームビーチにいると思ったから。
ドロシー	:	やめさせた方がいいかしら。
アーニー	:	踊っているだけさ… 皆の前でね。あれ以上ことは進まないさ。
ドロシー	:	探偵さんみたいね。
アーニー	:	よしてくれよ。僕たちの月を探しに行こう、君の友達のことは忘れてさ。
ドロシー	:	ピギーを海に突き落したら大変なことになるわね。
アーニー	:	僕は誰にも言わさない。
	:	ところで、どうしてピギーを責めるんだ？ 彼だけが悪いわけじゃないだろ。
ドロシー	:	でも…
	:	どういう意味？
アーニー	:	こんなにも違う二人の女性がなぜ友達なのかが分からないってことだよ。
ドロシー	:	いい、マローン。はっきり言うけど、私以外は誰もローレライのことを語れないわ。
	:	いい子よ。あなたは知らないだけなのよ。
アーニー	:	僕は君の方が好きでも構わない？
ドロシー	:	あっという間に仲直りしたわね、私たち。

■ it could have been the same one
「could + have + 過去分詞」で「〜だったかもしれない」となり、現在から見た過去のことに対する推量を表す仮定法過去完了。ここでは、アーニーがコニーアイランドで見た月を思い出し懐かしんでおり、「同じ月だったかもしれないなあ」の意味。

■ Bermuda
ノースカロライナ州東の大西洋にあり英国の海外領土。サンゴ礁の島としては世界の北限に位置しており、保養地として観光業が盛ん。

■ Palm Beach
フロリダ州南東部の町で、冬季の保養地。シンガー島を中心に華麗な別荘やホテルが並ぶ。

■ Can't make much of a case out of that.
= They can't make much of a case out of that.
make much of は「〜を重視する、重んじる」、case は「実情」、out of 〜は「(〜の範囲) を超えて」の意味。ここでは、ローレライとピギーの二人が、一緒に踊っていること以上の親しい関係にはならないということ。

■ come on
「Come on.」で「よせよ、まさか、ばかな」の意味。

■ Not with me.
= You would not get in trouble with me if you pushed him.
ここでは、アーニーはドロシーがピギーを海に突き落としたとしてをも誰かに言ったりしないから、ドロシーとアーニーの二人が一緒に問題に巻き込まれることはないという意味。

■ what did you mean by that remark
= What do you mean by that?
「それはどういう意味ですか？」や「どんなつもりでそんなことを言うのですか？」という決まり文句。怒りを表し、文句があるのかといったニュアンスを含むことが多い。remark は「発言」という意。

■ let's say
前に述べた発言の具体例をあげたり、多少驚くような事柄を話すために使う表現。

■ but me
= except me

■ you don't mind if I like you better
「mind + if S V」で「S が V することを気にする、嫌がる」という意味。
ex. I don't mind if you smoke.（あなたがタバコを吸ってもいっこうにかまいません）

85

ERNIE : Now what do we talk about?

DOROTHY: Let's talk about you.

ERNIE : Well, for the past hour I've been thinking. Thinking about doing something.

DOROTHY: Well, what have you been thinking, Mr. Malone?

for the past hour ◎

アメリカにおけるブロンドのイメージ

　アメリカにおいて「完璧な美人」の条件、その一つがブロンド（＝金髪）だ。ブロンドであること、それはアメリカの美しい女性の象徴なのである。特に若者のあいだでは、自分の自然な髪色を染めて、ブロンドにするというケースが多くみられる。そう、ブロンドであることはアメリカ人の憧れである一方、「美人」「人気者」になるためには必要な条件でもあるのだ。

　ブロンド美人というと、「苦労せずお金持ちの男性や容姿の良い男性たちを魅了し、楽に人生を歩んでいける」というのが挙げられる一般的なイメージではないだろうか。ブロンドとひとくちに言っても、実際には色々あり、白に近い色であるプラチナブロンドから、暗い色のダークブロンド、赤みがかったストロベリーブロンドにまでその種類は様々である。世界の人口と比較すると数も少ないからか、金髪女性は羨望の的になる反面、批判の対象にもなり、アメリカでは皮肉めいたジョークがしばしば聞かれる。「ブロンド・ジョーク」（Blonde Jokes）と呼ばれるジョークは、金髪を持つあまり賢くない女性に対し、ユーモアを交え使われている。

アーニー	：さて、何の話をしようか。
ドロシー	：あなたのこと。
アーニー	：この一時間ずっと考えていたんだ。何をしようかって。
ドロシー	：何を考えていたの、マローンさん。

■ for the past hour
「過ぎたばかりの1時間の間」
pastには完了形と一緒に使われて「過ぎたばかりの、最近の」という意味がある。
ex. I've been in bed for the past two days.（ここ2日間病気で寝ている）

　例えばこれ。
「ブロンドを飽きさせない方法とは？」
「両面に、『これを裏返してください』と書かれた紙を渡すだけ」
　このように、アメリカ人の中にはブロンドを特別視しながら憧れる反面、ブルネット（＝焦げ茶のような暗い髪色）と比較し、「ブロンド＝頭が弱い、お馬鹿」といったイメージを持っている人もいるという話である（あくまでイメージで、もちろん事実とは異なるが）。また、本当かどうかは別として、ブロンド女性は周りにちやほやされて育つためだという話まであるそうだ。実際、多くのアメリカ映画やドラマでブロンド女性を取り上げた話を扱っている作品があり、ブロンドに対するイメージを掴むことができる。
　実は、マリリン・モンローも元の髪色はブロンドではないと言われている。しかし、彼女こそが「アメリカにおけるブロンド女性の象徴」といえる。彼女の数々の作品を通し、愛らしいブロンド女性のイメージがアメリカ中に定着することとなったのである。今やアメリカだけでなく世界中から愛される彼女が、20世紀のアメリカで、ブロンドのイメージを普及させることとなった重要な人物の一人であることは確かなのだ。彼女なくしては、今のブロンドのイメージはこれほどまでには至らなかったかもしれない。

平野　彩花

Ernie's Snooping

15 *EXT./INT. SHIP DECK / LORELEI'S CABIN – DAY – Dorothy walks around a corner to see Ernie taking photos through a cabin porthole. After he leaves, she peers through the same porthole and sees Piggy speaking Swahili to Lorelei.*

LORELEI	:	Aren't you clever, Piggy!
PIGGY	:	You see, that means, "Come to my basha and I'll give you my old coconut shells."
	:	You see, the natives believe that coconut shells ward off the snakes. Clever, what?
LORELEI	:	Africa must be fascinating.
	:	Gee, Piggy. A girl like I almost never gets to meet a really interesting man. Sometimes my brain gets real starved.
PIGGY	:	Poor little thing.
LORELEI	:	It's a terrible thing to be lonesome, especially in the middle of a crowd.
	:	Do you know what I mean?
PIGGY	:	You'll never be lonesome again. Now, you leave it to Piggy.
DOROTHY	:	Excuse me, Piggy. I've got to see Lorelei alone.
PIGGY	:	Well, certainly. Certainly. Shall I wait in the next room?
DOROTHY	:	If you like. We're expecting Lady Beekman for tea.
PIGGY	:	Lady Beekman? Here?

walk around a corner 角を曲がる
see Earnie taking photos ✿
porthole 舷窓
peer through 覗き込む
Swahili スワヒリ語

clever 上手な, 器用な ✿

You see ✿
basha ✿
coconut （ココ）ヤシの実
shell 殻
native 原住民,（訪問者・外国人などと区別して）土地の人
ward off （人・動物・強打など）をかわす, 防ぐ, 近づかせない
snake ヘビ
must 〜に違いない
fascinating 人を魅了する, うっとりさせる
get to meet ✿
starved 渇望している

poor little thing ✿

terrible ひどく悪い
lonesome 孤独の
especially 特に
in the middle of 〜の中心に
crowd 群衆, 人ごみ

leave it to Piggy ✿

Shall I ✿

If you like ✿
we're expecting （人）が来るのを待つ,（人）がやってくると思っている

Gentlemen Prefer Blondes

アーニーの詮索

DVD　00:40:23

□□□□□□

屋外／屋内 – 船のデッキ／ローレライの部屋 – 昼 – ドロシーが角を曲がると、アーニーが部屋の舷窓から写真を撮っているのが見える。彼が立ち去った後、同じ舷窓を覗き込みピギーがスワヒリ語をローレライに話しているところを見る。

ローレライ：上手なのね、ピギー！

ピギー：いいかい、あれは「ココナッツの殻をあげるから私の部屋においで」っていう意味なんだよ。

：原住民はココナッツの殻がヘビを追い払うと信じているんだ。賢いだろ？

ローレライ：アフリカは魅力的ね。

：ああ、ピギー。本当に興味をそそられる男の人に出会ったことがないの。だから時々満たされなくて。

ピギー：かわいそうに。

ローレライ：孤独なのは辛いのよ、特に群衆の中では。

：私の言ってること分かる？

ピギー：もう孤独になんてなりやしないさ。私に任せなさい。

ドロシー：失礼、ピギー。ローレライと二人にしてちょうだい。

ピギー：ああもちろんさ。隣の部屋で待ってようか？

ドロシー：いいわよ。でもビークマン夫人がお茶にみえるわよ。

ピギー：家内が？　ここに？

■ see Earnie taking photos
「see + O + 〜ing」で「O が〜しているのが見える」という意味。
ex. We saw him walking across the street.（彼が通りを横切っているのが見えた）

■ peer through
peer は「(よく見えてないというふうに)じっと見る」の意味。前置詞を変えることで様々な意味になる。peer into で「〜の中をじっと見る」、peer at で「〜をじっと見る」となる。

■ clever
「利口な、頭がよい、賢い」という意味でよく使われる。

■ You see
「ほら、あのねえ」という決まり文句。

■ basha
英国軍のスラングで、「寝室」の意味合いをもつ。

■ get to meet
「get to do」で「(人が) 〜する機会を得る」となり、do には動作動詞が使われる。
ex. We couldn't get to drink good wine.（おいしいワインにありつくことはできなかった）

■ poor little thing
「かわいそうに」という意味の決まり文句で、同情を表す。

■ leave it to Piggy
「leave + 物・事 + to 人」で「物・事を人に任せる、ゆだねる」となる。

■ Shall I
= Can I do…?; Do you want me to do…?; Would you like me to do…?; Shall I do…? で「(相手に意志を尋ねて)〜しましょうか」の意味。

■ If you like.
「(しぶしぶ同意して) まあよろしいです」という決まり文句。

89

DOROTHY: Yes.

PIGGY : Oh, I just remembered, I have another appointment. I better pop off. Well, toodle-oo, chin-chin and all that rot, you know.

LORELEI : That was very mean of you! I would never inter…

DOROTHY: Now, you shut up and sit down and listen to me because you're in a jam, honey.

LORELEI : Me? Why?

DOROTHY: What were you and Piggy doing in here before he started barking like a seal?

LORELEI : He wasn't barking, that's Swahili.

DOROTHY: No, no. Before that. Now think hard.

: Was there anything that would look incriminating in a photograph? Something you wouldn't want Mr. Esmond to see?

LORELEI : Why, no... My goodness, yes!

DOROTHY: What?

LORELEI : Piggy was telling me about South Africa. It's very dangerous there. Practically full of snakes called pythons, and it seems a python can grab a goat and kill it by just squeezing it to death.

DOROTHY: Well, get to the point.

LORELEI : That's all.

DOROTHY: Well, what's incriminating about that?

LORELEI : Well, Piggy was being the python, and I was a goat.

DOROTHY: Oh, Lorelei!

LORELEI : Don't worry! Piggy won't tell anyone he was being the python!

---

appointment （面会の）約束
pop off 急に立ち去る
toodle-oo さようなら
chin-chin さようなら
all that rot
That was very mean of you
mean 意地の悪い
inter...

shut up 黙れ → p171

in a jam 窮地に陥って, 困って

in here ここで

start ~ing ～し始める
bark 吠える
seal アザラシ

hard 徹底的に

incriminating 罪を証明するような
you wouldn't want Mr. Esmond to see
My goodness 何てこと, 大変, まあ, あら

dangerous 危険な
practically 実際には
full of ～でいっぱいの
python ニシキヘビ
grab ～をひっつかむ
goat ヤギ
squeeze 締め付ける
to death 死ぬまで
get to the point
That's all → p95

Piggy was being the python

ドロシー ：そうよ。
ピギー ：別の約束があったのを思い出したよ。もう行かなきゃ。さようなら。

ローレライ ：意地悪じゃない！ 私は絶対邪魔し…

ドロシー ：いいから黙って座って話を聞いて。大変なことになっているのよ、あなた。
ローレライ ：私が？ なんで？
ドロシー ：ピギーがアザラシみたいに吠え始める前まであなたたちここで何してたのよ？
ローレライ ：吠えてなんかないわ、あれはスワヒリ語よ。
ドロシー ：違うわ。その前よ。いい、よく考えて。
：見られちゃまずいことしなかった？ エズモンドさんに見られたくないようなことを？

ローレライ ：そんなことしてな… あらやだ、あったわ！
ドロシー ：何したの？
ローレライ ：ピギーが南アフリカのことを教えてくれたの。そこはとても危ない場所だって。パイソンっていうヘビがいっぱいいて、ヤギに巻き付いて締め殺しちゃうんだって。

ドロシー ：何が言いたいの？
ローレライ ：それだけよ。
ドロシー ：それの何が見られちゃまずいことなのよ？
ローレライ ：だって、ピギーがそのパイソンを真似して私がヤギだったんだもん。
ドロシー ：ローレライったら！
ローレライ ：大丈夫よ！ パイソンの真似してたなんてピギーは誰にも言わないわ！

■ appointment
類語である promise との置換は不可。「(医師・美容師の)予約」という意味もあるが、「(ホテルの宿泊・レストランの食事などの)予約」は reservation を用いる。

■ toodle-oo
フランス語で see you soon に相当する tout a l'heure が語源とされている。「さようなら」を意味する古めかしい表現。

■ chin-chin
中国語の請請が語源とされており、それからピジン英語(現地人と貿易商人などの外国語を話す人々との間で異言語間の意思疎通のために自然に作られた混成語)となった。

■ all that rot
= et cetera; and so on; and what have you
あまり上品ではない表現で、真面目な場面では使われない。かなり古い表現。

■ That was very mean of you!
「人や行為の性質を表す形容詞 + of somebody」でその人に対する評価を表す。
ex. That's very kind of you. (あなたは親切ですね)

■ mean
形容詞で「意地の悪い」「卑劣な」の意味。mean は動詞、形容詞、名詞でそれぞれ意味が異なるので、使う際には注意すること。
ex. Stop being mean to me! (意地悪はやめて！)

■ inter...
= interfere; interrupt; intervene などと言いかけた。

■ in a jam
「困って、窮地に陥って」の意味。jam には、果物の「ジャム」のように、「詰め込まれること」という意味があり、「交通渋滞」を traffic jam と表す。

■ in here
here は副詞としてそれだけで「ここで」という意味を持つが、しばしば場所を示す前置詞を前に置くことがある。
ex. Let some fresh air in here. (新鮮な空気を入れよう)

■ you wouldn't want Mr. Esmond to see
「want + 人 + to do」で「人に〜してもらいたい」となる。

■ get to the point
何を言いたいんですか、ずばり言え。

■ Piggy was being the python
「be 動詞 + being + 形容詞 / 名詞」で一時的な状態を表し「(今は)〜のようにふるまう」となる。

DOROTHY: He won't have to. Because just about the time Piggy was squeezing the goat, Mr. Ernie Malone was taking pictures right through that porthole.

LORELEI: Whatever for?

DOROTHY: The National Geographic magazine.

: Oh, wake up, honey. Mr. Malone has foxed us. He's been shining up to me so he could keep tabs on you.

: I'll bet you anything he's a private detective hired by Mr. Esmond.

LORELEI: Gus is jealous without pictures. If he sees that, then he'll be absolutely unreasonable.

DOROTHY: Yes, he will.

DOROTHY: I was going to crack Malone's head in, but I thought better of it.

LORELEI: What do you mean, "Better"?

DOROTHY: We'll have a better chance of getting those pictures back if he doesn't know we're on to him.

LORELEI: I'll get them.

DOROTHY: How?

LORELEI: He's a man, isn't he?

DOROTHY: No. Charm won't work. He's too smart for that.

: And he was such a doll last night.

LORELEI: Oh, Dorothy!

DOROTHY: Boy, will I tell that stinker off when we get those pictures back!

LORELEI: The question is, how do we do that?

DOROTHY: Well, the simplest way is to swipe 'em. Come on, we'll get our warpaint on and go to work.

ドロシー	：言わないでしょうね。だってピギーがヤギに巻き付いている時に、アーニー・マローンさんがあの窓から写真をとっていたんだから。
ローレライ	：何のために？
ドロシー	：ナショナルジオグラフィックの雑誌よ。
	：目を覚ましなさい。私達マローンさんに騙されていたのよ。あなたを見張るために私に言い寄ってきたの。
	：エズモンドさんに雇われた探偵だわ。
ローレライ	：写真を見なくたってガスは嫉妬するわ。もし彼が写真を見たら、大騒ぎよ。
ドロシー	：そうでしょうね。
ドロシー	：マローンの頭をかち割ってやろうかと思ったけど、いい手を思いついたわ。
ローレライ	：「いい手」って？
ドロシー	：私達に気付かれてるってことがばれなければ、写真を取りかえすチャンスがあるわ。
ローレライ	：私がやるわ。
ドロシー	：どうやって？
ローレライ	：彼は男なのよ。
ドロシー	：色仕掛けには引っかからないわ。彼は頭のいい男なんだから。
	：昨日はあんなにかわいかったけど。
ローレライ	：ドロシーったら！
ドロシー	：写真を手に入れたら思い知らせてやるんだから！
ローレライ	：問題なのは、どうやってやるかってことよね？
ドロシー	：一番手っ取り早いのは盗み出すことね。さあ、お化粧して戦闘開始よ。

■ He won't have to.
= He will not have to tell anyone he was being the python.

■ just about the time...the goat
「the time + S + V」で「SがVする時に」となる。just about で「ほとんど〜」という意味。

■ Whatever for?
whatever は疑問代名詞で「一体何を」の意味。疑問詞 what の強調形で、驚き・当惑などの気持ちを表す。
ex. Whatever do you mean?（一体何のつもりなの）

■ National Geographic
ナショナルジオグラフィック協会が出す公式雑誌。1888年創刊で、地理学、人類学、自然・環境学、ポピュラーサイエンス、歴史、文化、最新事象、写真などの記事を掲載している。ここでは、「（マローンがローレライの写真を取っていた理由は）ナショナルジオグラフィック（のような公式の雑誌）に掲載するためだと思う？そんなことあるわけないでしょう。」というドロシーの意図が込められている。

■ I'll bet you...Mr. Esmond
「bet + 人 + お金など + that 節」で「人にきっと…だとお金などを賭ける」となる。ここでは、「彼がエズモンドに雇われた私立探偵であることに何を賭けてもいい」という意味。
ex. I bet anything she's lying.（彼女がうそをついていることに何を賭けてもよい）

■ think better of
ここでは、直後のローレライの "Better?" というセリフを考慮して、「考え直した→よりいい手段を思いついた」という解釈にした。

■ have a better chance of
「have a good chance of 〜 ing」で「〜する見込みが十分ある」という意味。

■ such a doll
doll は「（女から見て）かっこいい男」また、米国英語のかなりくだけた言い回しで「気前のいい人、重宝な人」の意味。

■ tell that stinker off
tell 〜 off で「〜をひどくしかる」の意味。stinker は「いやなやつ」の意。

■ The question is,...that?
= The question is how we do that.
文頭に置いて「問題は、〜」という意味。

■ 'em
= them

■ get our warpaint on
「get + メイクなど + on」で「メイクなどを施す」となる。warpaint は「（北米先住民などが絵具で顔や体に塗る）出陣前の化粧」のこと。

16 INT. ERNIE'S CABIN / SHIP LOUNGE – NIGHT – *Lorelei quietly enters the cabin and hides behind the door before the steward sees her. The man exits and locks the door behind him. Lorelei sets about to find the photos. Dorothy is in the lounge with Ernie to distract him.*

ERNIE: By the way, where's Lorelei tonight?
DOROTHY: You sound interested.
ERNIE: I am, but not in her.
DOROTHY: Well, if you are interested, I think I know where we could find her.
ERNIE: I was just asking a question.

LORELEI: That's all.

HENRY: Hello.
LORELEI: Oh, Mr. Spofford. Will you please give me a hand? I'm sort of stuck.
HENRY: Are you a burglar?
LORELEI: Heavens, no!
: The steward locked me in. I was waiting for a friend.
HENRY: Why didn't you ring for him?
LORELEI: I didn't think of it. Isn't it silly?
HENRY: If you were a burglar and I help you escape...
LORELEI: Please, help me before somebody comes along.
HENRY: I'm thinking. All right. I'll help you.
: I'll help you for two reasons.
LORELEI: Never mind the reasons. Just help me.
HENRY: The first reason is, I'm too young to be sent to jail. The second reason is, you've got a lot of animal magnetism.

屋内 - アーニーの客室 / 船内のラウンジ - 夜 - ローレライは静かに部屋の中に入り、船室係が彼女を見つける前に、ドアの後ろに隠れる。彼は出て行き、ドアの鍵を閉める。ローレライは写真を探し始める。ドロシーはラウンジでアーニーを引き止めている。

アーニー　　：そういえば、ローレライは、今夜どこにいるんだい？
ドロシー　　：興味あるみたいね。
アーニー　　：あぁ、でも彼女に興味はないよ。
ドロシー　　：もし興味があるのなら、どこを探せばいいかはわかっているわ。
アーニー　　：ちょっと聞いてみただけさ。

ローレライ　：これでおしまいね。

ヘンリー　　：やぁ。
ローレライ　：あら、スポフォードさんじゃない。お願い、手を貸してくれるかしら？　ちょっとひっかかっちゃって。
ヘンリー　　：君は不法侵入者かい？
ローレライ　：まさか、違うわ！
　　　　　　：船室係に閉じ込められたのよ。友達を待っていたの。
ヘンリー　　：じゃ、なんで彼に電話をしなかったのかい？
ローレライ　：それは考えつかなかったわ。ばかよね？
ヘンリー　　：もし、君が不法侵入者で、僕がその逃亡の手助けをするとなると…
ローレライ　：どうか、お願い、誰か来る前に助けてちょうだい。
ヘンリー　　：今考えているんだ。わかった、助けるよ。
　　　　　　：理由は２つだ。
ローレライ　：理由なんていいから。とにかく助けて。
ヘンリー　　：理由その一、僕は罪に問われるには、まだ幼すぎる。理由その二、君には強烈な魅力を感じるからだ。

Gentlemen Prefer Blondes

■ lock the door behind
「出ていった後で鍵を閉める。」この behind は位置的な「〜のうしろに」というよりも、after のように時間的な「〜のあとで」という意味が強い。

■ set about
= begin; start
不定詞の代わりに名詞、動名詞を使うことも出来る。単に「始める」という意味に加え、「努力や時間を要するものに取りかかる」というニュアンスが含まれている。
ex. Our team has set about a new project.（私たちのチームは新たな企画に着手した）

■ by the way
「ところで」の意味。話の話題を変える際に使う。類似した言葉に incidentally がある。
ex. By the way, have you heard from Tom recently?（ちなみに最近トムから連絡はきた？）

■ sound
= seem

■ That's all.
「それだけだ」という意味の決まり文句。「以上」「これで終了です」などの意味で、締めくくりの言葉として幅広く使われる。
ex. That's all for today.（今日はこれで終了です）

■ Will you please…?
「〜してくれますでしょうか？」の意味。丁寧に何かを人に頼むときに使う言い方。

■ Heavens no!
= God, no!
God の代わりとして用いられる。

■ ring
= call on the telephone
ex. I rang my mother on Mother's Day.（私は母の日に母に電話をかけた）

■ help you escape
「help + someone + 動詞の原形」で「誰かが〜するのを助ける。」目的語（someone）の次は to do にしても構わない。

■ animal magnetism
magnetism はもともと「磁気」という意味であるが、「磁気」=「引き付ける」ということから、転じて「魅力」という意味でも使われる。

95

HENRY	: Hey, look, someone's coming.	look 見て ☉
LORELEI	: Oh, dear. What'll I do?	what'll I do ☉
HENRY	: Quick! Hold this around your neck, tight.	quick 早く(して)
LORELEI	: Good evening.	
PIGGY	: I say, whatever are you doing up there?	
LORELEI	: I just wanted to see the view from here. It's better.	
PIGGY	: Quite so.	quite so まったくその通り
	: Are you feeling well, my dear?	Are you feeling well my dear ☉
LORELEI	: Yes, thank you ever so. Except for being so cold. I must have caught a chill.	except 〜を除いて chill 寒気
PIGGY	: What say we go and get a spot of sherry?	a spot of sherry シェリー酒
LORELEI	: Oh, no. I can't.	
PIGGY	: Oh, sherry's the best thing if a cold is coming on.	
LORELEI	: Honest, I couldn't.	
PIGGY	: Well, you do look a bit flushed, my dear. Let me feel your pulse.	let me ☉
LORELEI	: No, no, please do...	
PIGGY	: No cause for alarm, my dear. It's purely medical.	no cause for alarm 心配する理由は無い purely まったく, 純粋に medical 医学的な, 医療の
	: Well, there's no fever, at any rate.	at any rate とにかく, 少なくとも
LORELEI	: I'm all right, I'm fine.	
PIGGY	: Such a little flowery hand.	such ☉
LORELEI	: Please put that back.	
PIGGY	: So sweet, so tiny, and yet it can hold a human heart.	
HENRY	: Stop that!	
PIGGY	: Beg your pardon?	Beg your pardon ☉
LORELEI	: Well, I... well... laryngitis, I guess.	laryngitis 喉頭炎
PIGGY	: Well, there's no doubt about it.	there's no doubt about it (それについては)何の疑いもない

ヘンリー	:	ほら見て、誰か来るよ。
ローレライ	:	あら、やだ。どうしましょう?
ヘンリー	:	早く！ これを首にしっかり巻いて。
ローレライ	:	こんばんは。
ピギー	:	おや、こんなところで何をしているんだい?
ローレライ	:	少し景色を眺めたかったの。とても良いわ。
ピギー	:	そうだね。
	:	気分はいいかい?
ローレライ	:	えぇ、ありがとう。寒いのを除けば大丈夫よ。 少し体が冷えたに違いないわ。
ピギー	:	じゃあ、少しシェリー酒でも飲みに行こう。
ローレライ	:	いえ、それは結構よ。
ピギー	:	風邪にはお酒が一番だよ。
ローレライ	:	本当に大丈夫よ。
ピギー	:	顔が少し赤いみたいだね。ほら、脈をみせて。
ローレライ	:	いえ、いいのよ。やめて …
ピギー	:	怖がらんでいいよ。単に診るだけだから。
	:	あぁ、大丈夫、少なくとも、熱はないようだ。
ローレライ	:	えぇ、私は大丈夫よ。
ピギー	:	綺麗な手だね。
ローレライ	:	放して。
ピギー	:	こんなに可愛くて、小さくて、心をつかむね。
ヘンリー	:	やめろ！
ピギー	:	なんだって?
ローレライ	:	あ、えっと、喉頭炎なの。
ピギー	:	そのようだね。

■ look
「(ちょっと)見て」の意味。相手の注意を払ってもらいたい時、注目を集めようとする時に使う。

■ What'll I do?
What shall I do? の短縮形。「何をすればいいでしょうか?」の意味。

■ Are you feeling well?
「気分(具合)はどうですか?」の意味。決まり文句。
ex. I'm not feeling well today. (今日は、気分が良くない)
具体的にどこが悪いかなどを濁すことができる。予定を断る時などにも、遠まわしに断るために使ったりする。

■ my dear
「私の親愛なる人(君)」の意味。「ねぇ」「あなた」などと訳せたり、特に訳したりしない場合もある。愛情を込めて相手を呼ぶときに使う。友人、家族、恋人、知り合いなど幅広く使える。

■ a spot of
「少量の」に意味。イギリス英語でよく使われる表現法で、a bit と同じように使える。
ex. Looks like we might have a spot of rain tonight. (どうやら今夜はぽつぽつ雨が降りそうだ)

■ let me
let me + 動詞の原形
「(私に)〜させてください」の意味。
ex. Let me say something before we start discussing the plan. (計画の議論に入る前に一言言わせてください)

■ such
such + 形容詞 + 名詞
「とても〜な … だ」「なんて〜な … だ」の意味。such の後の形容詞を強調させる言い方。such をつけることでより感情を強調することができる。
ex. You're such an amazing person! (あなたってなんて素敵な人なの！)

■ Beg your pardon?
「失礼ですが、もう一度おっしゃってください」の意味。問い返す時の丁寧な言い方。

LORELEI	: Piggy. I better have some of that sherry. Will you get me some?	
PIGGY	: I fly on the wings of Mercury.	I fly on the wings of Mercury ◎
HENRY	: Just hurry up.	
PIGGY	: All right, my dear.	
HENRY	: How can you stand that battering old wolf? Can't you see his intentions are not honorable?	battering old wolf 荒々しい年老いた狼(女好き) intention 意図 honorable 高潔な, 尊敬すべき
LORELEI	: For heaven's sakes, get me out of here!	For heaven's sake ◎
LORELEI	: Help me over here.	

17 *INT SHIP LOUNGE / LORELEI'S CABIN – NIGHT –*
Dorothy talks with Lorelei on the telephone.

DOROTHY	: Wait a minute. What do you mean you're all bruised? Malone's been here with me the whole time.	wait a minute ちょっと待って what do you mean... ～は何という意味(意図)ですか? ◎ bruise あざ, 打ち身の痕
LORELEI	: Mr. Spofford pulled me too hard.	
DOROTHY	: Mr. Spofford...	
	: Look, honey. Never mind the games. Did you get the pictures?	honey ねぇ(呼びかけの言葉)
LORELEI	: No, they weren't there.	
DOROTHY	: Are you sure?	Are you sure ◎
LORELEI	: Absolutely. I looked everywhere. And they're not in the camera shop either because I went in and asked.	absolutely もちろん
DOROTHY	: Then he's got them in his pockets.	
LORELEI	: He must have, darn it!	darn it なんてこと!(畜生) ◎
DOROTHY	: Of course, he wouldn't bother to hide them as long as he thinks we're buying his act.	bother ◎ as long as ～する限り buy ◎

Gentlemen Prefer Blondes

ローレライ : ピギー、やっぱりシェリー酒をいただくわ。持ってきて頂だけるかしら?
ピギー　　: よし、飛ぶように早くするさ。
ヘンリー　: 急いでね。
ピギー　　: 分かったよ。

ヘンリー　: あんなやつ、よく我慢できるね。下心が見え透いていたよ。

ローレライ : 今のうちよ、早くここから立ち去りましょう。

ローレライ : ここから出して。

屋内 – 船内のラウンジ / ローレライの部屋 – 夜 – ドロシーはローレライと電話で話をしている。

ドロシー　 : 待って。アザだらけってどういうことよ?マローンは、ずっと私といたのよ。

ローレライ : スポフォードさんが強く引っ張りすぎたのよ。
ドロシー　 : スポフォードさん…
　　　　　 : そう… まぁ、いいわ。それより写真はあった?

ローレライ : それが、なかったのよ。
ドロシー　 : 本当に?
ローレライ : もちろんよ。あちこち探したのにどこにも。ちゃんと写真屋にも行ったし、聞いてみたけどなかったわよ。
ドロシー　 : なら、ポケットかしら。
ローレライ : 絶対にそうよ。もう!
ドロシー　 : そりゃあ、私たちが彼の芝居を信じていると思っている限りは、彼はわざわざ隠したりしないわよね。

■ I fly on the wings of Mercury.
ローマ神話で Mercury「水星」は羽を持った神の使者であり、世界中を飛び回っていた。また、太陽系の中でもっとも速く動くことから、この「マーキュリーの羽で飛ぶよ」＝「超特急ですっ飛んでいく」という比喩が使われている。

■ For heaven's sake
「どうかお願いだから」の意味。「ひどい、あきれた、なんてことだ」などの驚きや「いいかげんにしてくれ」などのいらいらした感情、「なんだって?」などの疑問形での意味で使われることもある。後の文を強調させる。同じような言い方で for God's sake や for Christ's sake がある。
cf. For God's sake, stop talking!（お願いだから、黙って）

■ what do you mean…?
「〜は何という意味（意図）ですか?」という意味。相手の言っていることに対し、内容または意図していることが理解できない時、または確認したい時に使われる。

■ Are you sure?
「本当に?」「確かかね?」という意味。
■ darn it
「なんてこと!（畜生）」の意味。悪態を付く際によく使われる。上品な言葉ではない。
■ bother
わざわざ〜する必要を感じないという意味で、通常否定文で使われる。
ex. I didn't bother to say a word to him, as he wouldn't change his mind anyway.（どうせ彼は考えを変えたりしないのだから、私は何も言わなかった）
■ buy
「〜を信じる、受け入れる」の意味として使われている。

99

DOROTHY: Well, there's only one thing to do. Listen.
: Order dinner for three in our cabin and get some drinks. I'll have him there in about 10 minutes.
: If we can't empty his pockets between us, we're not worthy of the name "women."
LORELEI: I'll have everything ready.

DOROTHY: He'll be here in a minute. I sent him for some cigarettes.
: You get the drinks ready?
LORELEI: Almost ready.
DOROTHY: Wow. This room's like an oven.
LORELEI: I know.
DOROTHY: Let's turn some of this heat off.
LORELEI: Leave it alone, dear.
DOROTHY: But, honey, it's hot, why don't...
: Oh, for him. You know, sometimes your brain amazes me.
LORELEI: Thank you. Remember, our drink is just water and bitters, so don't make any remarks.
DOROTHY: What are you doing with that one?
LORELEI: This is his.
: Do you think three sleeping pills are enough?
DOROTHY: Well, three's quite a lot. That's pretty potent stuff.
LORELEI: If a thing's worth doing, it's worth doing well.

DOROTHY: Here we go.

DOROTHY: Come in.
ERNIE: Here are your cigarettes.
DOROTHY: Thanks.

Gentlemen Prefer Blondes

ドロシー	:	それじゃ、やることはひとつ。いい？ 聞いて。
	:	これから３人分、食事を部屋へ運ばせておいて。それからお酒もお願いね。私は彼を連れて、10分後に行くから。
	:	この私たち二人で彼のポケットをカラにすることができないとしたら、女がすたるわよ。
ローレライ	:	準備は完璧にしておくわ。
ドロシー	:	彼はあと１分でここにくる。タバコ買いに行かせたの。
	:	お酒の準備はいい？
ローレライ	:	大体完成よ。
ドロシー	:	いやだ、この部屋オーブンの中みたいに暑いよ。
ローレライ	:	わかっているわ。
ドロシー	:	暖房きるわよ。
ローレライ	:	いいの、そのままにしておいて。
ドロシー	:	でも暑いわよ。なんで…
	:	あぁ、わざとね。時々あなたの賢さにはびっくりするわ。
ローレライ	:	ありがとう。いい、私たちの飲み物は苦味酒で色を付けた水よ。感づかれないようね。
ドロシー	:	それは何しているの？
ローレライ	:	彼のよ。
	:	睡眠薬は３錠で十分かしら？
ドロシー	:	３錠は多すぎじゃない。効きすぎるわ。
ローレライ	:	やる以上は徹底するのよ。
ドロシー	:	来たわよ。
ドロシー	:	入って。
アーニー	:	はい、タバコだよ。
ドロシー	:	ありがとう。

■ have someone
have+ 目的語（人）
「(人)を迎える、来てもらう」の意味。

■ empty
ここでは「カラにする」という動詞で使われているが、「空の」という意味の形容詞として使われることが多い。ただし、「使用されていない」という意味のときはvacantをつかうのが一般的。
ex. The room is empty.（部屋には誰もいない / 何も無い）
cf. The room is vacant.（部屋は使われていない / 誰も借り手がいない）

■ send
send + 人
「(人を) ～へ行かせる」の意味。

■ why don't...
= why don't you turn the heater off? と言いかけた。

■ amaze
「驚かせる」という意味の単語には surprise, astonish, amaze などがある。surpriseは最も一般的に使用され、不意を衝いて驚かせること、astonishはsurpriseより意味が強く、信じられないようなことをして驚かせること、amazeは動揺させるほど驚かせることを表す。

■ bitters
植物の根や皮の成分をアルコールに浸して作るリキュール。苦みが強く、苦味酒・苦味剤とも呼ばれる。主にカクテルの香味づけに用いられる。

■ quite a lot
quite は「かなり」という意味で、a lotにつくと「(a lot ほどではないが) かなりの多数の」という意味になる。ちなみにa few は「少しの」という意味であるが、quite がつくと「かなりの数の」という意味になる。quite という単語が逆の意味に作用することがあるため、a lot につくと「たくさんというわけではない」、a few につくと「少ないというわけではない」という意味になるのである。

■ worth doing
「～する価値がある」という意味で、様々な場面で使用されるフレーズである。
ex. This song is worth listening to.（この歌は聴く価値がある）

101

ERNIE	: Hi, Miss Lee.	
LORELEI	: Good evening, Mr. Malone.	
	: I got cocktails all ready.	
ERNIE	: Good.	
DOROTHY	: Make yourself at home.	make yourself at home 楽にしてください
ERNIE	: Say, do you girls know it's hot in here. Must be 110.	110　110度 ↩
DOROTHY	: Yes, it is a little warm, but Lorelei's afraid of catching cold.	be afraid of doing 〜するのを心配する(恐れる)
LORELEI	: Got a touch of laryngitis.	a touch of ↩
	: Here you are, Mr. Malone, specialty of the house.	specialty of the house 我が家の特製 ↩
DOROTHY	: Thank you.	
ERNIE	: That's quite a cocktail.	
LORELEI	: It's very mild. Let's drink a toast:	toast 乾杯 ↩
	: Do you know this one?	
	: There was an old fellow named Sidney	
	Who drank till he ruined a kidney	kidney 腎臓 ↩
	It shriveled and shrank	shriveled シワがよる
	But he drank and he drank	shrank 縮む
	He had his fun doing it, didn't he?	
ERNIE	: It's appetizing.	appetizing 食欲をそそる(美味しそう)
DOROTHY	: I know another one. Bottoms up.	bottoms up (口語)乾杯 ↩
DOROTHY	: He looks like he's going to explode.	look like 〜のように見える
ERNIE	: What are you girls made of? What was that?	What are you girls made of ↩
LORELEI	: Just equal parts of scotch, vodka, brandy and gin.	scotch スコッチ(お酒の一種) vodka ウォッカ(お酒の一種) brandy ブランデー(お酒の一種) gin ジン(お酒の一種)
DOROTHY	: Here, try this.	try this これを試してみて
ERNIE	: That wasn't water!	
DOROTHY	: No, it was straight vodka.	No ↩
	: Do you want some more?	

Gentlemen Prefer Blondes

アーニー	: やぁ、ミス・リー。
ローレライ	: こんばんは、マローンさん。
	: 飲み物できてるわよ。
アーニー	: いいね。
ドロシー	: ゆっくりくつろいで。
アーニー	: あのさ、ちょっと暑すぎない？ 43度くらいあるに違いない。
ドロシー	: 少しね。でも、ローレライが風邪を引くのがイヤみたい。
ローレライ	: 喉頭炎になりかけているのよ。
	: はい、あなたの分よ、マローンさん。我が家の特製なの。
ドロシー	: ありがとう。
アーニー	: うまそうだね。
ローレライ	: とてもマイルドよ。それでは、みなさん乾杯。
	: これ知っているかしら？
	: 昔シドニーという男がいた
	腎臓をこわすまで飲んだくれた男
	しぼんで小さくなった腎臓
	けれど、彼は飲んで、飲んで飲み続ける
	彼はそうすることで、ただ楽しんだだけ、そうでしょう？
アーニー	: 傑作だね。
ドロシー	: 違うのもあるわよ。乾杯！
ドロシー	: なんだか、彼爆発しそうね。
アーニー	: 君たちは一体何者なんだ？ 今のは何だったんだい？
ローレライ	: スコッチとウォッカ、ブランデーとジンを同じくらい入れただけよ。
ドロシー	: さぁ、これを飲んでみて。
アーニー	: 水じゃないじゃないか！
ドロシー	: そうよ、ストレートのウォッカよ。
	: もっとほしい？

■ 110
= 110 degrees Fahrenheit
「華氏110度」の意味。摂氏(Celsius)では43度程度。

■ a touch of
「ほんのちょっと、軽い(病気)、～気味」という度合いを付け加えることのできる表現。
ex. This advertisement has a touch of exaggeration. (この広告はちょっと誇張気味だ)

■ specialty of the house
特別メニュー、名物メニューという意味で、レストランや、食堂のメニューなどでも使われる表現。

■ toast
パンをトーストするという意味だけでなく、乾杯という意味がある。ワインなどの祝杯にトーストの小片を風味づけとして入れたことが語源とされている。give a toast (乾杯する)、raise a toast (祝杯を挙げる)、propose a toast (乾杯の音頭をとる) など、drink 以外にもさまざまな動詞と組み合わせて使われる。

■ kidney
「腎臓」の意味。ここでは、named Sidney と ruined a kidney と didn't he が、shrank と drank が韻を踏み、掛け合わされている。ここでは、アメリカンジョークとして披露されている。

■ bottoms up
「乾杯(口語)」の意味。直訳では「コップの底を上に持ちあげろ！」から、「乾杯、一気に飲み干そう」の意味になる。よく親しい友人たちや同僚の間の飲み会・お祝いの席で使われる。他にも cheers といい方があり、こちらはフォーマルな場で使うことができる。

■ What are you girls made of?
直訳すると、「君たちは何でできているの？」となる。what S is made of は口語表現で、その人の実力という意味もある。こんな飲み物を平気で飲むなんて、信じられないというアーニーの驚きを表している。

■ No
事実に対し否定であれば、no になり、その事実であれば yes となる。日本語のように質問に対する答え (yes か no) ではないのを気をつけることが必要。この場合、ウォッカでなく、本当に水であったなら Yes, it was water となる。

ERNIE	: No.	
DOROTHY	: What's the matter? Don't you feel well?	
ERNIE	: I'm burning up.	burn up 燃え上がる ◎
LORELEI	: I know what. Let's take off your coat.	I know what ◎ take off ～を脱ぐ ◎
ERNIE	: What?	
DOROTHY	: Oh, yes, you'll feel a lot better. You'll cool off.	
ERNIE	: What?	
DOROTHY	: Here, I'll help.	
LORELEI	: Now you just sit down there.	
	: Excuse me a minute.	
LORELEI	: Any luck?	any luck ◎
DOROTHY	: Not so far.	so far 今のところ
	: Be sure you check the inside pocket.	
LORELEI	: It's not in here.	
DOROTHY	: It's not in this coat.	
LORELEI	: Darn it.	
	: There's one other place it could be.	there's one other ◎
DOROTHY	: Where?	
LORELEI	: His pants.	
DOROTHY	: Well then, we'll have to get those too.	
LORELEI	: Do you rather I did it alone?	
DOROTHY	: No, I think two heads are better than one.	two heads are better than one ◎
LORELEI	: I suppose so.	I suppose so そう思う ◎
DOROTHY	: It's ticklish business any way you look at it.	ticklish くすぐったい, 扱いにくい
	: Come on. We'll stick together.	stick together くっついて離れずにいる, 団結する
ERNIE	: Say, you know, I nearly went to sleep sitting here.	nearly ◎
	: You suppose you could you turn that heat down?	
DOROTHY	: You know what? I think he needs a good glass of water, don't you, honey?	
LORELEI	: Yes, indeed.	indeed 本当に, 確かに

アーニー	： いらないよ。
ドロシー	： あら、どうしたの？ 気分でも悪いの？
アーニー	： 体が熱くて燃えそうだ。
ローレライ	： それなら、上着を脱ぎましょう。
アーニー	： なんだって？
ドロシー	： そうよ、きっと気分が良くなるわよ。体が冷めるわよ。
アーニー	： なんだと？
ドロシー	： 手伝うわ。
ローレライ	： そこで休んでて。
	： ちょっと失礼。
ローレライ	： あった？
ドロシー	： 今のところないわ。
	： 内ポケットの中も確認して。
ローレライ	： ここにはないわ。
ドロシー	： 上着にはないわよ。
ローレライ	： 困ったわね。
	： とすると残る場所はひとつだけね。
ドロシー	： どこ？
ローレライ	： ズボンよ。
ドロシー	： じゃあ、脱がせましょう。
ローレライ	： むしろ、ひとりでやったほうがいいかしら？
ドロシー	： いいえ、2人の方がいいわ。
ローレライ	： そうね。
ドロシー	： どう見たってやりにくいことだけどね。
	： さぁ、二人でやるのよ。
アーニー	： もうここで、眠りそうだよ。
	： 暖房を止めてくれないかい？
ドロシー	： ねぇ、ローレライ。彼にお水を一杯あげたほうがいいんじゃない？
ローレライ	： えぇ、確かに。

■ burn up
「燃え上がる」の意味だが、この場合は燃え上がるように体中が熱いという意味で使われている。
ex. The meteor burned up upon entering the earth's atmosphere.(隕石は地球の大気圏に突入するとすぐに燃え尽きた)

■ I know what
「それならいい考えがある」の意味。何か思いついたことを言う前につけて、強調する。

■ take off
他にも様々な意味がある。「(飛行機などが)離陸する、休暇を取る」という自動詞として使われたり、「(値段)を値引く、(物)を取り除く」という他動詞としても使われる。

■ Any luck?
= Did you have any luck finding the film?
「うまくいった？」の意味。「どうですか？(うまくいってますか？)」というニュアンスがあるので、色々な場面で使うことができる。
ex. Any luck getting tickets for the concert?(コンサートのチケットはばっちり手に入れられたの？)

■ there's one other
「もう一つ」の意味。
ex. There's one other thing.(あ、それとねもう一つ)

■ two heads are better than one
(諺) 三人寄れば文殊の知恵

■ I suppose so
「思う」という意味の単語には suppose、think、guess などがあり、それぞれ確信度の違いによって使い分けられる。think は「(確かに)思う」、suppose は「(たぶん)思う」、guess は「推測する」というように使われる。

■ nearly
「もう少しで~するところだ」という意味の副詞で、almost と似ている。almost は「もう少しで~するところだったがしなかった」という結果を強調するのに対し、nearly はその状態に達しそうな状況そのものを強調している。
ex. It was so funny, we nearly burst into laughing.(それはあまりにおもしろくて、私たちはもう少しで吹き出してしまいそうだった)

DOROTHY: Here, you hold that glass.
ERNIE : Yeah, I'd like some water, but it's this heat that I can't...

DOROTHY: Nice glass of water. Yes.
: Oh, look out, honey!
LORELEI : Oh, god, I'm sorry.
DOROTHY: Look what you're doing! Oh, my goodness!
LORELEI : Mr. Malone, your pants are soaked!
DOROTHY: We can't leave him here in wet pants, can we?
LORELEI : Certainly not.
ERNIE : Well…
LORELEI : Give them to me and I'll put them under the hair dryer.
ERNIE : No, no, no. Look. I'm all right. I'll just go and change.
DOROTHY: Oh, don't be silly.
LORELEI : Oh, no, no, no.
DOROTHY: We wouldn't think of letting you out and catch cold.
ERNIE : Oh, no, no! Look, this is not... Look, I'm not gonna catch cold! There's no…
: What kind of a dinner party is this?

FRANÇOIS: Pardonnez-moi.
DOROTHY: François, you're just in time.
FRANÇOIS: Oui, madame.
DOROTHY: Get something to put on him.
: Mr. Malone doesn't feel very well. You know, I think you better go to your room and lie down.
ERNIE : Yeah, I feel like lying down for a month.
FRANÇOIS: Qu'est-ce qu'il y a, monsieur?
DOROTHY: Here, put this on.

Gentlemen Prefer Blondes

ドロシー	：はい。グラスしっかり持ってね。
アーニー	：お水はいいね。だけど、この暑さじゃ …
ドロシー	：お水よ。
	：あら、いやだ。大変！
ローレライ	：どうしましょう。ごめんなさい。
ドロシー	：ちょっと！　何しているのよ！　大変！
ローレライ	：マローンさん、ズボンがびしょ濡れだわ。
ドロシー	：このままにしておけないわ。でしょ？
ローレライ	：えぇ、そうだわ。
アーニー	：えぇと …
ローレライ	：貸して。私がドライヤーで乾かすわ。
アーニー	：いや、いいんだ、大丈夫だよ。ちょっと着替えてくるから。
ドロシー	：馬鹿なこと言わないで。
ローレライ	：そうよ。
ドロシー	：このまま出て行かせられないわ。風邪をひいてしまうわよ。
アーニー	：いや、僕は大丈夫だよ。風邪なんか引きやしないさ。それに…
	：これは、一体どんな食事会なんだい？
フランソワ	：失礼します、旦那様。
ドロシー	：あら、フランソワ、ちょうど良かったわ。
フランソワ	：はい、なんでしょうか。
ドロシー	：何か着るものを持ってきて頂戴。
	：マローンさんは気分が良くないの。部屋に戻って少し横になった方が良いわ。
アーニー	：そうだね。一ヶ月くらい寝ていたい気分だよ。
フランソワ	：旦那様。どうかなされましたか。
ドロシー	：はい、これを着て。

■ nice glass of water
「一杯の水」の意味。この場合の nice は話し手の気持ちを示し、強調している。

■ look out
= watch out; be careful
「気を付けろ、危ない」の意で通常注意を促すために命令文で使われる。
ex. You will trip over if you don't look out. (気をつけないと転ぶよ)

■ soaked
「浸った、ずぶぬれの、染み込んだ」という意味で、wet (湿った) よりも水ぬれの度合いが高い。
「浸す、染み込ませる」という意味の動詞としても使える。
ex. I soaked the shoes in bleach overnight to remove the foul odor. (臭いにおいを取り除くために、靴を漂白剤に一晩浸しておいた)

■ Certainly not
「確かに、間違いない、もちろん」と、同意を示す決まり文句で、相手の言ったことが肯定文なら Certainly とだけ言い、相手の言ったことが否定文である場合に、not をつけて答える。

■ catch (a) cold
「風邪をひく」の意味で、動作を表す。「風邪をひいている」という状態を表す場合は have a cold を用いる。

■ just in time
「間に合って」を表すときは in time を用いるのに対し、「定刻通りで」を表す場合は on time を用いる。
ex. I arrived for the meeting just in time. (私は会議になんとか間に合った)
cf. The meeting started on time at 9 am. (会議は予定通り9時ちょうどに始まった)

■ feel well
体の調子が良いという意味。
ex. Johnny isn't feeling well today, so please excuse him from P.E. class. (ジョニーは本日体調が優れず、体育の授業はお休みさせてください)
しばしば親が体育教師に渡すよう子供に持たせるメモの一文。

DOROTHY: François'll help you to your room.	
FRANÇOIS: Permettez-moi, monsieur.	以下の明朝体はフランス語（本欄は英語訳） Allow me, sir.
ERNIE: It's not fair, you know. Two against one...	
FRANÇOIS: Oui, monsieur.	Yes, sir.
ERNIE: Take a man's pants...	take a man's pants... ↻
LORELEI: I don't think it's here.	
DOROTHY: It must be.	
LORELEI: Oh, I've got it! I've got it!	I've got it 手に入れた ↻

INT. SHIP PRINT SHOP – DAY – Lorelei receives the developed photos from the shop CLERK.

develop 写真を現像する

CLERK: There. Two dollar twenty. Your negatives and positive prints.	two dollar twenty ↻ negatives and positive prints ↻
: And may I say, in the mortal words of my countrymen, "Ooh, la, la!"	mortal words ↻ Ooh la la （仏）↻
LORELEI: Thank you ever so.	
CLERK: A pleasure, mademoiselle Lorelei.	A pleasure どういたしまして（こちらこそ）
ATHLETE: Hi there. Remember me?	Hi, there やぁ、こんにちは ↻
LORELEI: Why, yes. You're one of the Olympic athletes, aren't you?	
ATHLETE: One of them? Sister, I'm the only 4-letter man on the team.	4-letter man ↻
LORELEI: I should think you'd be ashamed to admit it.	be ashamed to do ～することが恥ずかしいと思う（恥ずかしくて～できない） admit 自ら認める、白状する
ATHLETE: But...	
LORELEI: No, no. Don't say another word.	

INT. LORELEI'S CABIN – DAY – Piggy looks at the photos of him hugging Lorelei.

ドロシー ： 彼が部屋まで連れて行ってくれるわ。
フランソワ ： どうぞ、旦那様。
アーニー ： 二人して、こんな … ひどいじゃないか。
フランソワ ： かしこまりました、旦那様。
アーニー ： 男のズボンを脱がせるだなんて …
ローレライ ： ここにあるとは思えないわ。
ドロシー ： あるはずよ。

ローレライ ： あった、あったわ！

屋内－船内の写真屋－昼－ローレライは、写真屋で、出来上がった写真を店員から受け取る。

店員 ： はい、これで2ドル20セントです。ネガとプリントです。
： そして私の故郷の言葉で言わせていただきますと、「わお！」
ローレライ ： どうも、ありがとう。
店員 ： いいえ、こちらこそ。ローレライ様。

選手 ： やぁ、僕を覚えているかい？
ローレライ ： あら、もちろんよ。オリンピック選手の一人でしょ？
選手 ： 選手の一人だって？ 僕がチームで唯一のエースさ。
ローレライ ： あら、自分で言うのね。

選手 ： いや …
ローレライ ： いいの、何も言わないで。

屋内－ローレライの部屋－昼－ビギーがローレライに抱きついている彼の写真を見る。

■ take a man's pants...
= take a man's pants off
■ I've got it
「手に入れた」の意味。他にも「わかった」という意味でも使われる。
■ two dollar twenty
正しくは、「two dollars twenty」である。写真屋の店員はフランス人であるため、外国人にありがちな間違いをしている。なお、「cents」が省略されることは間違いではない。
■ negatives and positive prints
negative はネガ、すなわち被写体の明暗や色が反転した画像がつくられる写真フィルムを表す。一方で positive はポジのことで、写真像の明暗が被写体の明暗と同じに再現された画像を表す。
■ mortal words
「誰もが知っている言葉」と言う意味。しかし、本来 mortal は「死ぬべき運命の」「致命的な」など、死を含意する単語で、限定用法で直後の名詞を修飾して「ひどい」「大変な」などを意味することもある。
■ Ooh la la!
= Wow!
「あらまぁ！」の意味。
■ Hi, there.
「やぁ、こんにちは」の意味。There は「そこにいる人たち」というような不特定、特定の両方に使うことができる。
■ 4-letter man
スポーツで大変優秀な成績を収めた選手のことを表現する言い方。ここでの letter は主に米国などで使う、学校の優秀な（表彰されるような）運動選手におくられるもので、高校や大学のジャケット（学校の誇り）などに優秀な成績を収めた種目の頭文字のワッペンや刺繍を入れて着る文化からきている。さらに 4 letter なので 4 つの異なる種目（スポーツ）において優秀な選手であることを表すため、「スポーツ万能、運動神経抜群な人」という意味でこう言われている。一般的に挙げられる 4 つのスポーツは、野球、バスケットボール、フットボール、陸上競技などだが、それ以外にも複数ある。
しかしこの時のローレライの反応から、ローレライは彼の言葉を、"fuck"などの 4 文字（4 letter）の単語から、「罵りの言葉を頻繁に口にする人、口汚い人」の意味として捉えたと考えられる。

PIGGY	: My word. By George. I must say. This is the most contemptible bit of impudence I've ever encountered.	contemptible 卑劣な impudence 厚かましさ
	: The idea of photographing innocent people through a porthole!	innocent people 無垢な人々, 罪の無い人々 porthole 舷窓
	: Why it's absolute invasion of privacy.	why it's absolute invasion of privacy ◊ absolute まったくの, 明白な invasion of privacy プライバシーの侵害
LORELEI	: Just imagine some newspaper getting a hold of it, Lady Beekman would never believe you were just being a snake.	you were just being a snake ◊
PIGGY	: I think I better sit down a moment.	I better sit down ◊
	: Are you sure, my dear, there's no more of these things about?	
LORELEI	: Positive, Piggy. Do you feel better?	positive 疑いのない(確信して)
PIGGY	: You little angel, you don't even know that there is a certain kind of girl that would take advantage of a thing like this.	take advantage of ～を利用する ◊
LORELEI	: She'd have to be a pretty terrible girl to be mean to a sweet, intelligent, generous man like you, Piggy.	pretty ◊ terrible ひどい
PIGGY	: My dear, my dear. You must let me do something for you to show my gratitude.	
LORELEI	: Oh, thank you ever so!	
PIGGY	: May I ah, may I kiss your hand?	
LORELEI	: I always say, a kiss on the hand might feel very good, but a diamond tiara lasts forever.	diamond tiara ダイヤモンドの宝石付きの小冠 → p166コラム「ティアラの歴史」参照 last 続く(衰えない)
PIGGY	: A diamond tiara?	
LORELEI	: Yes. Lady Beekman's. I'd just love to have it.	
PIGGY	: Good gracious.	gracious おやまぁ!(驚きを表して)
LORELEI	: What's the matter?	
PIGGY	: Oh, nothing, nothing, nothing. But wouldn't you rather have some furs or, or a race horse?	furs (動物の)毛皮 race horse 競走馬

ピギー	：あきれてモノも言えないね。こんな卑劣で無礼な仕打ちは初めてだ。
	：罪の無い人々を窓から盗み撮りするとは！
	：完全なプライバシーの侵害だ。
ローレライ	：新聞に出たら大変よ。たとえ、蛇だといっても奥様は信じないわ。
ピギー	：少し、座った方が良さそうだ。
	：もう、他にはこのようなものはないんだろうね？
ローレライ	：そうみたい。ほっとした？
ピギー	：君は天使だな。他の女なら、これを使って悪用するところだよ。
ローレライ	：そんな女、最低よ。あなたのような優しくて、賢くて、寛大な人にそんなことするなんて。
ピギー	：あぁ、ぜひ君に何かさせてほしい。私の感謝の気持ちだよ。
ローレライ	：まぁ、ありがとう！
ピギー	：それじゃあ、手にキスしても構わないかい？
ローレライ	：もちろん、キスも嬉しいけど、ダイヤモンドのティアラなら一生モノだわ。
ピギー	：ティアラだって？
ローレライ	：そうよ、奥さんのが欲しいの。
ピギー	：こりゃ、まいったね。
ローレライ	：何か問題でもあるのかしら？
ピギー	：いやいや、何も。何も問題はありゃしないよ。ただ、むしろ毛皮や競走馬じゃいかんかね？

■ Why it's absolute invasion of privacy.
「完全なプライバシーの侵害ではありませんか」の意味。Why it's ~で「~ではありませんか」を意味し、~を強調している。
ex. Why it's about time he arrived. (そろそろ彼が来てもいい頃じゃあないか)

■ you were just being a snake
「あなたがただ油断のならない人を演じていた」という比喩表現としても使える。be動詞＋形容詞または名詞を進行形にすることで、「あえて~になっている」「~であることを演じている」の意味。snakeは「蛇」から意味が拡張して「陰険な人」「悪意のある人」「油断のならない人」という意味もある。

■ I better sit down
「私は座った方が良い」の意味。You had better do~「あなたは~した方が良い」の主語をIにかえて自分がすべきことを自分に言い聞かせるような雰囲気を出し、さらにhadが抜け落ちてより口語的になっている。
ex. I better call my mum before she gets worried. (お母さんが心配し始める前に電話しておいた方が良さそうね)

■ take advantage of
advantageは有利な要因、利点、強みという意味だが、この成句では「~に便乗する、つけ込む、利用する、だます」というネガティブな意味にもなる。
ex. He took advantage of the confusion at the scene and managed to get away from the police. (彼は現場の混乱に乗じて、警察から逃げおおせた)

■ pretty
= quite, very
「とても」という副詞の意味として口語でよく使われる。
ex. I'm pretty tired. (とても疲れている)
ただし、否定的な意味の「とても」には使えないので注意。
prettyは他にも「綺麗」を表す形容詞で使うことが多い。prettyは日本語では可愛いと連想させることが多いかもしれないが、愛らしい・可愛らしいの意味ではcuteを使う方が適当と言える。prettyは (見た目が) 綺麗、美しいという意味。そのため、大人の女性の外見を褒める際にcuteと使うのは失礼に当たる場合があるので気をつけたい。ちなみに、内面も含めて美しいと言いたい場合にはbeautifulが適当。

PIGGY	: Or a motorboat?	motorboat　モーターボート
LORELEI	: No, thank you.	
PIGGY	: Well, it shall be very difficult for me to explain to Lady Beekman that I'd given away her jewels.	give away ⊙
LORELEI	: But you're so clever, Piggy. You could, if you put your mind to it.	put your mind to it ⊙
PIGGY	: Do you really think so?	do you really think so ⊙
LORELEI	: Of course I do.	of course　もちろん
	: And besides, it's only fair I should have her tiara. Because after all, she has you.	
PIGGY	: My dear, my dear. My very dear!	
LORELEI	: Let's get it right now.	right now　今すぐ ⊙
PIGGY	: Anything you say, my dear. Anything you say.	

ミュージカル映画発展の歴史

　そもそもミュージカル（musical）とは音楽、歌、ダンス、台詞が結合された演劇のことを指します。単に演出として劇中歌が挿入されていたり、音楽、ダンス、芝居がそれぞれ独立していたりするようなものはミュージカルとは言いません。それらの要素が一体となって表現されているものでなければならないのです。

　ミュージカルはその起源を18世紀フランスにまで遡りますが、それがアメリカに持ち込まれ、20世紀初頭にガーシュイン兄弟によって確立されました。当時は交通の便があまり良くなかったので、ニューヨークのブロードウェイへ足を運ぶことができる人は限られ

ピギー	：もしくは、ボートとかはどうかね？	
ローレライ	：いいえ、いらないわ。	
ピギー	：家内の宝石を人にやるなんて、とても言い訳できない。	
ローレライ	：あら、あなたは賢いのよ、ピギー。きっとできるわ、その気になれば。	
ピギー	：本当にそう思うかい？	
ローレライ	：ええ、もちろんよ。 ：それにくれなきゃ私が不公平だわ。だって奥さまにはあなたがいるもの。	
ピギー	：なんてこった…	
ローレライ	：今すぐ取りにいきましょ。	
ピギー	：まったく、わかったよ。何でも、君の言うとおりにするさ。	

■ give away
「贈る、譲る、ただであげる」の意。
ex. The radio station is giving away a new car.（ラジオ局は新車を一台賞品として進呈します）

■ put your mind to it
「気持ちをしっかり持つ、専念する」の意味。
ex. You can do anything if you put your mind to it.（やる気になれば何でもできる）

■ Do you really think so?
「本当にそう思う？」の意味。

■ right now
ex. I have to go right now.（今すぐ行かないといけない）

ていました。しかし1920年代トーキー（映像と音声が同期した映画）の登場により、ミュージカルが映画化され、多くの人が楽しめるようになりました。当時のハリウッドの名優たちはミュージカル映画にも出演しました。豪華なセットが作られ、数百人のバックダンサーが踊り、大規模な資金が費やされました。その甲斐あってか、世界恐慌が起きて世の中が不景気になろうともミュージカル映画は大盛況でした。この『紳士は金髪がお好き』（*Gentlemen Prefer Blondes*）は全盛期の1953年に舞台版が映画化されたものです。その後1960年代から衰退していきますが、2000年以降に盛り返し、近年では3D化された作品も登場しています。

林　洋佑

The Jig's Up

After Lorelei and Piggy leave the room, Ernie appears with PIERRE, the cleaner who has a key.

ERNIE : Keep an eye on the door.
PIERRE : Oui, monsieur.

ERNIE : All right, Pierre. Take this thing back to my cabin. I'm gonna stay here.
: Here's the microphone and a dividend.
PIERRE : Merci, monsieur.
ERNIE : And leave the door open, Pierre.
PIERRE : Oui, monsieur.

DOROTHY: Lorelei, they're coming for our...
: How did you get in here?
ERNIE : I came in through that door. I've been waiting…
DOROTHY: Still snooping around, huh?
ERNIE : That's right. But it has nothing to do with you.
: I'm being paid to watch the blonde bandit...
DOROTHY: I'd sure hate to have your job.
ERNIE : Well, maybe you're right. Checking up on people is messy work sometimes, but only when those people are doing things that...
DOROTHY: Doing things like pretending to make love to a girl while you spy on her friend?

keep an eye on 見張る
以下の明朝体はフランス語(本欄は英語訳)
Yes, sir.

take this thing back ↺

microphone マイク
dividend 配当金
Thank you, sir.

leave the door open ドアを開けたままにしておく ↺
Yes, sir.

get in ～に入り込む

through (戸口などを)通り過ぎて

It has nothing to do with you ↺

I'm being paid to...bandit ↺
I'd sure hate to...job ↺
check up 調査する
messy work やっかいな仕事 ↺

while ～している間 ↺
spy on ～を探る、(こっそり)調査する

万事休す

DVD　00：54：59
□□□□□□

ローレライとピギーが部屋を去った後、アーニーが鍵を持った掃除係のピエールを連れて現れる。

アーニー　：ちゃんと見張ってろ。
ピエール　：かしこまりました、旦那様。

アーニー　：これでいい。ピエール、これを僕の部屋へ。僕はここに残る。
　　　　　　：このマイクも頼む。それにチップだ。
ピエール　：ありがとうございます。
アーニー　：それと、ドアは開けておいてくれ。
ピエール　：かしこまりました。

ドロシー　：ローレライ、もうすぐ彼らがやって来る…
　　　　　　：どうやってここに入ったのよ？
アーニー　：ドアから入ったのさ。君を待っていたよ。

ドロシー　：まだ嗅ぎ回っているの？
アーニー　：そうさ、だが君には関係ない。

　　　　　　：見張るのは友達の方さ。
ドロシー　：なんていやな商売ね。
アーニー　：そうかもな。人を見張っているなんて、僕だっていい気はしない仕事さ。でも相手によっては…

ドロシー　：相手によっては、愛しているふりをして友達を見張るのね？

■ take this thing back
「take + O +back」＝「（元の場所へ）〜を戻す」
ex. Many people take their unwanted christmas presents back for a refund on Boxing Day.（クリスマスの翌日、多くの人々は欲しくなかったプレゼントをお店に返品する）＊ Boxing Day ＝クリスマスの翌日。元々は、教会が貧しい人たちのために寄付を募ったクリスマスプレゼントの箱（box）を開ける日であったことが由来とされている。

■ leave the door open
leave + O + C =「OをCのままにしておく」の意味。
ex. I'll leave a spare key under the mat for you to get in.（あなたが入れるように、玄関マットの下に合鍵を置いておくわ）

■ It has nothing to do with you.
「それは君とはまったく関係がない」の意味。
ex. I have nothing to do with it.（私はそれとは何の関係もないわ）

■ I'm being paid to...bandit.
「金髪の無法者を見張るように雇われている（お金を支払われている）」の意味。pay + O + to do 〜で「Oに（金を）支払って〜させる」の意味で、現在進行形の受動態をとっている。

■ I'd sure hate to...job.
「私はきっとあなたの仕事をするのをひどく嫌がるわ」の意味。I'd は I would の短縮形で、仮定法過去である。「あなたの仕事をすることはないけど、もしするならば」という意味合いが出てくる。

■ messy work
messy は「汚い」「汚れた」の意味。

■ while
「〜している間」主語と while 以下の主語が同じ場合、while 節内の主語と be 動詞を省略できる。また、同じ意味の during を使う場合は名詞（句）を用いる。
ex. He studies English while (he is) commuting to and from work.（彼は通勤時間に、英語を勉強する）

115

ERNIE : That part of it is not true. And I waited here to tell you so.

DOROTHY: I wouldn't believe anything you said if you had it tattooed on your forehead.

ERNIE : Now, wait a minute. Listen to me.

DOROTHY: Go away, Sherlock, you're a wrong guy.

ERNIE : I'm not wrong about you and you're gonna listen to me.

DOROTHY: You're only making things worse.

ERNIE : All right. Don't listen, but whether you listen or not I'm gonna tell you…

DOROTHY: Come on in, honey. You can hear better in here.

LORELEI : Oh, am I intruding, or is he leaving, one hopes?

ERNIE : I'm leaving. But, Miss Lee, before I go, I'm gonna tell you this. Because once in a while, even a mercenary nitwit like you has a decent impulse.

: Don't let your friend here get mixed up in any of your schemes. Because I'm gonna rub your nose in them, and I don't want this character to get hurt on the way.

LORELEI : If you've nothing more to say, pray, scat!

ERNIE : That's about all.

ERNIE : Honey, except for telling you I have money, which I haven't, everything else I said to you, I meant.

: And it wasn't part of my job either.

ERNIE : Think about it.

LORELEI : Why did you just stand there and let him kiss you?

---

tattooed 入れ墨をした

wait a minute ちょっと待って
listen to me 話を聞いて
go away 出て行って
Sherlock シャーロック・ホームズ

whether or not ～かどうか

You can hear better in here

intrude 邪魔をする
one hopes

once in a while 時々
mercenary 報酬(金)目当ての
nitwit 馬鹿
decent きちんとした
impulse 衝動, 出来心
get mixed up
scheme 計画

rub someone's nose in

pray お願いよ, (人に)懇願する
scat 立ち去れ! (シッ!)

I meant そういうつもりだった(本当のことだった)

think about it 考えておいて

Gentlemen Prefer Blondes

アーニー	:	それは違う。僕はその話をしたくて君を待っていた。
ドロシー	:	たとえあなたがおでこに入れ墨したとしても、あなたの話なんか信じられないわ。
アーニー	:	待ってくれ。僕の話を聞いてくれ。
ドロシー	:	出てってよ、探偵さん。見損なったわ。
アーニー	:	君への思いは間違っていないし、君はきっと僕の話を聞くだろうさ。
ドロシー	:	状況を余計悪くするだけよ。
アーニー	:	いいさ、聞きいれなくても。だが、君が聞こうと聞かまいと僕は言う …
ドロシー	:	あら、いいのよ。入って聞きなさいよ、ローレライ。
ローレライ	:	お邪魔だった？ それとも、もう帰るところかしら？
アーニー	:	帰るよ。でも、ミス・リー、その前に一言いっておく。君のようなお金目当てのお馬鹿さんだって、人並みの誠意くらいあるだろうから。
	:	君の友人を悪巧みに巻き込むな。なぜなら僕はきっとみんなの前で君の正体を明かすさ。僕はこの品格を傷つけさせたくはない。
ローレライ	:	もうこれ以上いうことがないなら、お願いだから出ていって頂戴。
アーニー	:	それだけさ。
アーニー	:	ドロシー、僕がお金を持っていると話したことは嘘だったが、でもそれ以外、君に言ったことは全て本当だ。嘘じゃない。
	:	それから、仕事のうちでもなく、本心だった。
アーニー	:	考えておいてくれ。
ローレライ	:	なんでそこに突っ立って、あいつのキスを許したわけ？

■ Sherlock
「シャーロック・ホームズ＝名探偵の代名詞」ように、著名人や、有名な映画・文学などの登場人物の名前は、しばしば同種の職業や、スポーツ、行動をする人に対して（大抵の場合皮肉として）あだ名のように使われることがある。

■ whether or not
「～かどうか」の意味。or not は省略されることもある。

■ You can hear better in here
直訳すると「ここの方がよく聞こえる」という意味。ローレライが立っている部屋の外と比較しているため、well ではなく比較級の better が使われている。

■ one hopes
= I hope
one は、「（一般的に）人は、誰でも」の他に、I の婉曲表現として使われる。

■ once in a while
「ときどき、たまには」の意。頻度を表す副詞（句）は他にもたくさんある。always（いつも）、usually; generally（たいていいつも）、often; frequently（しばしば、頻繁に）、sometimes（たまに）、occasionally（ときどき）、rarely; seldom（めったに～ない）、never（決して～ない）などである。

■ get mixed up
「（よからぬことに）関わりあう、関係する」の意味。口語でよく使われる。
ex. You will get into trouble if you get mixed up with those guys.（あの人たちと関わり合うとトラブルに巻き込まれるわよ）

■ scheme
計画という意味で、plan よりも堅い語。しばしば「陰謀、悪巧み」という意味でも使われる。
ex. The prisoners had a scheme to break out of prison.（囚人たちは脱獄しようと企んだ）

■ rub someone's nose in
「人の失敗や言動などを注意する、罰する、それについて嫌味を言う」という意味。
ex. You don't have to keep rubbing my nose in it about losing last week's game.（先週の試合に負けたことで、いつまでも嫌みを言うなよな）

■ I meant
「そのつもりだった」という意味。わざと、または意図して行ったということ。ここでは、（お金持ちだったいう以外の自分の言動は）「本当だった（嘘ではない）」という意味で使われている。
ex. That's not what I meant.（そんなつもりじゃなかった）

117

DOROTHY: Do you wanna hear something crazy? I think I'm falling in love with that slob.

LORELEI : Oh, you just feel that way because he's poor.

DOROTHY: I hope so. Come on, let's change. We dock in an hour.

20

EXT./INT. FRANCE – DAY – The ship docks into port. Lorelei and Dorothy ride in the back of a taxi driven by PIERRE through the streets of Paris.

DOROTHY: Pierre, we wanna buy some clothes. You know, hats, dresses.

PIERRE : Oui, des souliers, des robes, des chapeaux…

DOROTHY: You know some good places?

PIERRE : Ah oui, autour du coin là.

DOROTHY: All right. That's where we wanna go first.

DOROTHY: This has been fun, hasn't it?

LORELEI : Yes. It's the first time I've been shopping without a man along.

EXT. HOTEL ENTRANCE – DAY – Dorothy pays Pierre the taxi fare.

DOROTHY: Well, Pierre, you certainly were a big help.

PIERRE : Merci, mademoiselle.

DOROTHY: Never spent so much money so fast.

PIERRE : It was a pleasure.

DOROTHY: There. Is that enough?

PIERRE : Oh, thank you, thank you. Merci, mademoiselle.

Gentlemen Prefer Blondes

ドロシー	：馬鹿なこと聞きたい？　どうやらあいつを好きになっちゃったみたい。
ローレライ	：それはきっと彼が貧乏だからよ。
ドロシー	：そうかもね。さぁ、**着替えましょう**。もうすぐ着くわよ。

屋外/屋内－フランス－昼－船が港へ入る。ローレライとドロシーはタクシーの後部座席へ乗る。

ドロシー	：ピエール、私たち洋服を買いたいのよ。帽子やドレスとか。
ピエール	：はい、靴にドレスに帽子ですね …
ドロシー	：どこか良い場所ご存知？
ピエール	：ええと、はい。そこの角周辺に。
ドロシー	：いいわ、最初はそこへ行きましょう。
ドロシー	：あぁ、とっても楽しかったわね！
ローレライ	：ええ、男の人なしで買い物したのなんてこれが初めてよ。

屋外－ホテルのエントランス－昼－ドロシーはタクシーの運賃を支払う。

ドロシー	：ピエール、とても助かったわ。
ピエール	：ありがとうございます。
ドロシー	：こんなあっというまにお金を使ってしまうなんて。
ピエール	：どうも。
ドロシー	：はい、これで足りるかしら？
ピエール	：あぁ、どうも、どうも。ありがとうございます。

■ fall in love with
類似表現に、「be in love with …」があり、こちらは「～に恋をしている」という状態を表す。

■ slob
語源はアイルランド語の「slab」で「泥」という意味。

■ I hope so
「そう願うよ」「そうだといいね」の意味。とても良く使うフレーズ。相手の言ったことと異なる状況になる可能性がある場合には「そうだといいけど」というように希望的観測的な意味の訳になる。

■ let's change
= Let's change clothes.
「(洋服を)着替えよう」の意味。他にも着替えようの意味では、get dressed や put on ～を使う。ちなみに、wear は「～を着ている」という状態を表すので、何かをこれから身に着けるという動作を表す際には使わない。

■ It's the first time I've…
「～するのはこれが初めて」という表現で、time の後に続く文は、経験を表すため完了形を使う。first を他の序数詞に入れ替えることもできる。
ex. This is the fifth time he has asked me the same question.（彼が私に同じ質問をするのはこれで5度目だわ）

■ without …
「～がなく、～なしで」の意味。後ろに動名詞 (ing 形) を伴うと「～せずに、～することなく」という意味で使うことができる。
ex. You souldn't go to bed without brushing your teeth.（歯を磨かずに寝ないほうがいいよ）

■ It was a pleasure.
「光栄です」「嬉しく思います」の意味。後に具体的な内容をいれると何が嬉しいのかはっきり表現できる。
ex. It was a pleasure meeting you.（お会い出来て良かったです）

■ enough
enough には「うんざりするほど十分」という意味もある。
ex. Enough (already)!（もうたくさんだ、もうよしてくれ）

119

DOROTHY: We'll be seeing you.
PIERRE : Au revoir, au revoir.

INT. HOTEL LOBBY – DAY – Lorelei and Dorothy approach the reception desk where they are greeted by a WOMAN and the MANAGER.

WOMAN : Bonjour, madame.
MANAGER: Bonjour, madame. **How do you do? I am the manager. May I help you?**

DOROTHY: Certainly may. Show me a place to take my shoes off. My feet are killing me.
LORELEI : Dorothy, please. A lady never admits her feet hurt.
: Bonjour.
MANAGER: Bonjour, mademoiselle. **Have you reservations?**
LORELEI : Yes, we do. It's in the name of Mr. Augustus Esmond.
: This is Miss Shaw, I'm Miss Lee.
DOROTHY: Hi.
MANAGER: Oh, yes. We have been expecting you.
: This way, please.

21 *INT. HOTEL MANAGER'S OFFICE – DAY – Lorelei and Dorothy enter the office to find Ernie, Lady Beekman and PRITCHARD.*

LORELEI : Well!
ERNIE : Miss Lee. Miss Shaw.
DOROTHY: Well, I thought surely in all Paris we could lose you.

we'll be seeing you	
Good-bye, good-bye.	
Hello, madam.	
Hello, madam.	
May I help you	
my feet are killing me	
admit ~を許す, 認める	
Hello.	
Hello, miss.	
reservation 予約	
in the name of	
we have been expecting you	
this way こちらです	
surely 確かに, 確実に	
lose 失う	

120

Gentlemen Prefer Blondes

ドロシー ：それじゃあ、また会いましょう。
ピエール ：失礼します。

屋内 – ホテルのロビー – 昼 – ローレライとドロシーは、女性スタッフとマネージャーのいる受付へ向かう。

女性 ：こんにちは、お客様。
マネージャー：こんにちは、お客様。ようこそ、いらっしゃいませ。私がマネージャーです。どうぞ、何なりとお手伝いさせていただきます。
ドロシー ：えぇ、お願いするわ。部屋を案内して。もう足が痛くって。
ローレライ ：ドロシー、ちょっと！ はしたないわよ。淑女は絶対足が痛いだなんて言わないんだから。
：こんにちは。
マネージャー：こんにちは、お客様。ご予約はされていますか？
ローレライ ：はい、オーガスタス・エズモンドで予約しました。
：ミス・ショーとリーです。
ドロシー ：どうも。
マネージャー：あぁ、はい。お待ちしておりました。
：どうぞ、こちらへ。

屋内 – 支配人の部屋 – 昼 – ローレライとドロシーは部屋に入り、アーニー、ビークマン夫人、プリチャードに会う。

ローレライ ：あら！
アーニー ：ミス・リー、ミス・ショー。
ドロシー ：パリで確かにあなたを振り払えると思ったのに。

■ we'll be seeing you
「また会いましょう」という表現。未来進行形を使うことで成り行き上当然そうなるという確実性を含意することが出来る。

■ May I help you?
「ご用件はなんでしょうか？」よくお店などでスタッフがお客さんへいう決まり文句。「いらっしゃいませ」に近い表現。電話による応対でも用いられる。同意表現として What can I do for you? や What can I get for you? がある。

■ my feet are killing me
kill は文字通りの殺すの意味ではなく、何かが堪え難い時や、許容できなくなったことを強調するために比喩的に使われることがよくある。
ex. That new restaurant is killing our business.（あの新しいレストランのせいでうちは商売上がったりだ）

■ admit
名詞形の admission には様々な意味があり、「（場所・団体などへの）入場・入学、入学選考手続き、（事実などの）承認・告白」等を表す。

■ reservation
「予約」の意味。ホテルやお店の予約。インタビューの約束や人と会う約束、予約は appointment。

■ in the name of
「〜の名義で」の意味。他にも「〜の名にかけて」「〜に誓って」という表現として使われる。

■ We have been expecting you.
「お待ちしておりました」の意味。決まり文句。expect が「予期する」「期待する」という意味で、ビジネスでも使われる。
ex. I've been expecting you.（お待ちしておりました）

■ this way
= Come this way, please.
この表現のように、this/that way などの場合、たいてい in を省略して使う。

■ lose
「失う」を文脈に合わせて「〜を振り払う、〜から逃げ切る」と解釈する。
ex. I finally succeeded in losing her.（とうとう彼女をうまくまいた）

121

MANAGER: Madame, are these the persons you were talking about?

LADY B: Yes, these are the persons.

LORELEI: Why, Lady Piggy. I mean Beekman!
: What a pleasant surprise.

LADY B: I dare say. You may proceed, Pritchard.
: This person is Miss Lee.

PRITCHARD: Miss Lee, I represent the Suffolk and Greater London Insurance Company.

LORELEI: Well, did you ever so? I never buy insurance.

DOROTHY: Sell it to Mr. Malone. He needs it in the business he's in.
: What is all this?

LADY B: Young woman, if you return the tiara, I'm willing to forget this squalid incident.

LORELEI: What incident?

PRITCHARD: Allow me to clarify, my lady. Lady Beekman's tiara, which is insured with my company, has been reported as stolen.

DOROTHY: What's that got to do with us?

PRITCHARD: We've been informed it's in your possession.
: Is that true?

DOROTHY: Absolutely not!

ERNIE: Honey, why don't you let Lorelei talk for herself.

DOROTHY: She'll do better than that. She'll sue you for slander! Honey, tell them.

DOROTHY: Go on.

LORELEI: Well...

ERNIE: We're waiting.

LORELEI: None of your business.

Gentlemen Prefer Blondes

支配人	：	奥様、こちらがお話しされていた方々ですか？
ビークマン夫人	：	はい、こちらの方々です。
ローレライ	：	まあ、子豚夫人… いやビークマンさん。
	：	嬉しい驚きだわ。
ビークマン夫人	：	おそらく。続けてちょうだい、プリチャード。
	：	この方がリーさんよ。
プリチャード	：	リー様、私はサフォーク＆グレーター・ロンドン保険会社の者です。
ローレライ	：	あら、今までもそうだったの？ 私は、保険は買わないわ。
ドロシー	：	マローンさんにお売りになったら。彼がしている仕事で必要としているわ。
	：	これは何なのかしら？
ビークマン夫人	：	お嬢さん、ティアラを返してもらえればこの汚い一件を忘れますよ。
ローレライ	：	何の一件ですか？
プリチャード	：	はっきりさせてもらいます、お嬢さん。ビークマンさんのティアラは、私の会社で保険をかけさせてもらっていますが、盗まれたとの報告を受けております。
ドロシー	：	それが私たちと何の関係があるの？
プリチャード	：	あなたが所有しているとお聞きしていますが。
	：	本当ですか？
ドロシー	：	全然違います！
アーニー	：	ローレライに自分で話をさせよう。
ドロシー	：	彼女はそれどころかあなたを侮辱罪で訴えるわよ。ねえ、この人たちに言ってあげて。
ドロシー	：	さあ、ほら。
ローレライ	：	ええと…
アーニー	：	待っています。
ローレライ	：	あなたには関係ないわ。

■ persons
person を複数形で使う場合は、法律用語であることが多く、一般的には people を使う。

■ Piggy
「子豚」の意味で、ローレライがビークマン卿に対し、愛着をもって呼んでいた呼び名。

■ be willing to
「～してもかまわない、～するのは嫌ではない」程度の意味で、自ら進んで申し出たり、喜んで引き受けたりするといったニュアンスはない。
ex. I am willing to negotiate the price.（価格の交渉に応じても構いませんよ）

■ incident
特に重大事件に発展する危険性をもつ「出来事」を意味する。思いがけなく起こる「事故」は accident を用いる。

■ my lady
「お嬢様、奥様」など、高貴な婦人へ呼びかける際に使う。

■ What's that got to do with us?
= What has that got to do with us?
= What does that have to do with us?
have got = have であり、have to do with で「～と関係がある」の意味となる。
ex. I've got nothing to do with him.（私は彼とは何ら関係ありません）

■ Why don't you…?
「…したらどうですか、～しませんか」というような提案や勧誘の意味になる。親しい間柄で用いて、目上の人には用いない。省略形は why not…?

■ do better than
直訳は「～より良くできる」であり、そこから「～よりましなことをする、～ようなことはしない」の意味となる。

■ None of your business.
「あなたには何の関係もない」という意味。否定文で business は「（干渉する）権利」を意味する。同様の表現として Mind your own business.「余計なお世話だ」という表現がある。いずれもけんか腰のきつい言い方である。

123

PRITCHARD	: Well, I'm afraid it's very much our business.	I'm afraid ⊙ it's very...business ⊙
DOROTHY	: Honey, just tell them you haven't got it. Tell...	haven't got ⊙
	: Oh, Lorelei, you didn't!	you didn't ⊙
LORELEI	: I did not steal Lady Beekman's tiara.	
LADY B	: Then perhaps you'll explain how it happens to be in your possession.	perhaps できましたら, ひょっとして explain ～を説明する happen to 起こる, たまたま～する
LORELEI	: Suppose we say that's my affair.	Suppose 思う, 考える ⊙ one's affair 個人的な問題, 関心事
ERNIE	: Well, that's one explanation.	that's one explanation ⊙
LORELEI	: Lord Beekman knows it wasn't stolen. Ask him.	Lord Beekman ⊙
PRITCHARD	: We've already done so, Miss Lee.	done so ⊙
DOROTHY	: And?	
PRITCHARD	: He denied knowing anything about it and departed for the interior of Africa.	He denied knowing... ⊙
LORELEI	: Piggy wouldn't do that!	Piggy wouldn't do that ⊙
PRITCHARD	: Miss Lee, are you or are you not going to give back the tiara?	
LORELEI	: I wouldn't dream of doing same.	dream of ～を夢見る
	: It's mine and I'm going to keep it.	doing (the) same ⊙
LADY B	: That remains to be seen.	That remains to be seen ⊙
	: Come, Pritchard.	
LADY B	: You'll find that I mean business.	mean business 本気である
DOROTHY	: Really? Then why are you wearing that hat?	wear 着ている, 身につけている
DOROTHY	: Honey, I wanna talk to you.	
LORELEI	: I've made up my mind.	make up one's mind → p147
ERNIE	: Look, Lorelei, the simplest way to get out of this whole thing is just to give it back.	look ほら way 方法 get out of ～から抜け出す whole 全体の
LORELEI	: I do not care to converse with you, Mr. Malone.	not care to ⊙ converse 談話を交わす

Gentlemen Prefer Blondes

プリチャード：	うーん、私たちに大いに関係があると思うのですが。
ドロシー ：	ねえ、言ってあげて、持っていないと。言って…
：	ローレライ、あなた盗んでいないわよね。
ローレライ ：	私はビークマン夫人のティアラなんか盗んでいませんわ。
ビークマン夫人：	じゃあどうやって偶然それがあなたの手元にあるのかをできましたら説明してくれますわよね。
ローレライ ：	私の中の問題と言っておきましょう。
アーニー ：	それは一つの言い分ですね。
ローレライ ：	ビークマン卿はそれが盗まれたのではないことを知っていますわ。聞いてみてください。
プリチャード：	私たちはすでにそうさせていただきました、リー様。
ドロシー ：	そして？
プリチャード：	彼は何も知らないと言ってアフリカ奥地へ出発しました。
ローレライ ：	ピギーはそんなこと言わなかったはずだわ！
プリチャード：	リー様、ティアラを返すおつもりですか、返さないおつもりですか？
ローレライ ：	そんなことをするなんて夢にも思いませんわ。
：	私の物ですし、とっておきますわ。
ビークマン夫人：	どうなるかまだわかりませんわ。
：	来て、プリチャード。
ビークマン夫人：	私は本気だとわかるわ。
ドロシー ：	じゃあなぜそんなハットをかぶっていらっしゃるの？
ドロシー ：	ねえ、あなたと話したいわ。
ローレライ ：	私決めたわ。
アーニー ：	あのねえ、ローレライ、この一件から抜け出す最も単純な方法はただそれを返すことですよ。
ローレライ ：	私はあなたと会話する気になりません、マローンさん。

■ I'm afraid
後に望ましくないことを述べるときは I'm afraid を用い、「残念だが…だ」の意味となる。後に望ましいことを述べる場合は I hope, I expect などを用いる。
ex. I'm afraid he will come.（残念だが彼は来るだろう）

■ it's very...business.
前述のローレライの None of your own business. をうまく切り返した表現である。肯定文で「（干渉する）権利」の意味の business を使うことは稀である。

■ haven't got
= don't have

■ you didn't
= you didn't steal the tiara

■ Suppose
文頭に置いて提案「〜してはどうか」を表す。しばしば I suppose となる。
ex. Suppose we change the subject.（話題を変えてみましょう）

■ that's one explanation
one explanation とすることで、「（たくさんある中の）一つの説明」という意味合いが出るので、your explanation とするよりも、冷静に、感情的にならないでローレライを責めている感じがある。

■ Lord Beekman
Lord を人名の前につけて「〜卿、〜閣下」という敬称になる。厳密には「侯・伯・子・男爵の正式称号の代わりに用いるくだけた尊称；公・侯爵の子息、伯爵の長子の尊称」に用いる。

■ done so
= asked Mr. Beekman whether the tiara was stolen or not

■ He denied knowing…
deny は「〜を否定する」の意味で、目的語には動名詞をとることができる。全体として He didn't know anything about it と同じ意味になる。

■ Piggy wouldn't do that
wouldn't は「どうしても〜しなかった」の意味。do that は前出の部分を指し、deny knowing anything about it を意味する。

■ doing (the) same
= giving back the tiara

■ That remains to be seen.
直訳すると「それはいずれ分かるものとして残っている」となり、つまり「それは現時点ではまだ分からない」という意味の表現である。

■ not care to
= not want to

LORELEI	: We will not be in to this man as long as we are staying in this hotel.	be in to ◎ as long as ～限りは
MANAGER	: I regret, madame, you will not stay here at all.	regret 後悔する, 残念に思う not…at all まったく…ない
DOROTHY	: Uh, oh. What now?	uh-oh ◎ what now ◎
LORELEI	: But Mr. Esmond said…	
ERNIE	: The jig's up, Lorelei. Esmond's canceled your reservation and your letter of credit.	the jig's up ◎
LORELEI	: I don't believe it.	
DOROTHY	: After hearing from you.	hear from ～から便りがある, ～から連絡がある
ERNIE	: That's right.	
LORELEI	: I don't believe it. Mr. Esmond wouldn't do that. Did he?	wouldn't ◎
MANAGER	: Exactly. Mr. Esmond refuses responsibility for your bills.	exactly その通り ◎ refuse ～を拒む responsibility 責任 bill 請求書, 勘定
LORELEI	: Well, that's very inconvenient because we've just spent all of our money.	inconvenient 不便
MANAGER	: Sorry, madame, it's not our concern.	concern 関心事, 心配事
DOROTHY	: Come on, honey. Let's get out of here. : Anyway, I hear your plumbing is noisy.	get out of ～から出る anyway いずれにせよ, とにかく I hear 聞くところによれば～だ your plumbing is noisy
ERNIE	: Dorothy. If you need any help, I'm at the Elysee Hotel.	if you need any help ◎
DOROTHY	: You hold your breath till I call.	hold one's breath 息を止める

ローレライ	：私たちはこの男性に近づかないわ。このホテルに滞在しているうちには。
支配人	：残念ですが、お客様、あなたはこれ以上ここに滞在できません。
ドロシー	：あら、何を今さら？
ローレライ	：でもエズモンドさんが言っていたわ…
アーニー	：勝負はつきました、ローレライ。エズモンド氏はあなたの予約と信用状を取り消しました。
ローレライ	：信じられない。
ドロシー	：あなたの便りを聞いてからね。
アーニー	：そのとおり。
ローレライ	：信じられない。エズモンドさんはそんなことしないわ。本当にしたの？
支配人	：確かに。エズモンド様はあなた様への請求書の支払い責任を拒否されました。
ローレライ	：うーん、それはとても不便だわ。なぜなら私たちお金をちょうど使い切ってしまったから。
支配人	：すみません、お客様、それは私たちには関係ないことです。
ドロシー	：ねえ、来て。ここを出ましょう。
	：いずれにせよ、あなたのホテルの鉛管はうるさいと聞いているわ。
アーニー	：ドロシー、もし何か助けが必要なら、私はエリゼ・ホテルにいますので。
ドロシー	：息を止めていな、私が電話するまでね。

■ be in to
be in が「到着する、やってくる」や、文脈によっては「在室している、来ている」を意味する。to が「～に」を意味する。全体として「～に接触する、～に会いに行く」の意味になる。

■ uh-oh
「おっと、まずい、あらら、あーあ」
失敗したときなどの落胆や驚き、困惑を表す間投詞。語尾を下げて発音する [ʌ́ʊ]。

■ What now?
「今度はなに？、一体何事？、それでどうするのよ」という驚きや若干批判的なニュアンスを持つ決まり文句。語順を入れ替えて Now what? とも言う。

■ the jig's up
= the jig is up
「万事休す、もうお手上げだ」の意味。jig は「躍動的なダンス」を表す古い言葉で、エリザベス1世の時代にスラングとなった。

■ wouldn't
wouldn't は仮定法過去で、「(実際に予約と信用状が取り消されたが、) エズモンドさんはそんなことはしないだろう」という意味を含んでいる。

■ exactly
「全く、まさに、そのとおり」の意で、相手の発言をすべて肯定する、あるいはそれに賛成する語。
ex. So you're saying you didn't know about it at all? - Exactly. (つまりあなたはそれについて全く知らなかったというわけですか？ー全くその通りです)

■ your plumbing is noisy
plumbing は「鉛管」を意味する。文字通りには「あなたのホテルの鉛管がうるさい」の意味だが、ホテルの作りや居心地を批判することで暗に「あなたのホテルは三流だ」と言っている。ちなみに現在は塩化ビニール管などの新しい配管材料が開発されている。

■ if you need any help
any は if などの条件節の中で「何か、誰か、少しでも」を意味する。
ex. If you have any difficulty, ask me for help. (もし何かこまることがあったら私に助けを求めて下さい)

Love Goes Wrong

22 *EXT. OUTDOOR CAFÉ – NIGHT – Lorelei and Dorothy sit at one of the café's tables. A WAITER approaches to take their order.*

WAITER	: Mademoiselle?	以下の明朝体はフランス語（本欄は英語訳） Miss?
DOROTHY	: Café.	Coffee.
	: When love goes wrong Nothing goes right This one thing I know	go wrong 道を誤る, 正道を踏み外す When love goes wrong → p47
LORELEI	: When love goes wrong A man takes flight	take flight すばやく逃げ出す ↻
DOROTHY	: And women get uppity-oh	uppity-oh ↻
LORELEI	: The sun don't beam	beam 光を発する
	The moon don't shine	shine 輝く
	The tide don't ebb and flow	tide 潮 ebb （潮が）引く flow （潮が）上げる, 差す
DOROTHY	: The clock won't strike A match won't light	won't どうしても～しない ↻ strike （時計が）時を打つ ↻ light 火が付く ↻
BOTH	: When love goes wrong Nothing goes right	
DOROTHY	: The blues all gather round you	blue 憂鬱 ↻ gather 集まる
BOY 1	: Crazy, mademoiselle!	
LORELEI	: And day is dark as night A man ain't fit... to live with	fit 適当な, ふさわしい ↻
BOY 2	: Dis-moi, mademoiselle.	Tell me, miss.

Gentlemen Prefer Blondes

恋の誤り

DVD　01:02:34

☐☐☐☐☐☐

屋外－屋根のない喫茶店－夜－ローレライとドロシーは喫茶店のテーブルの一つに座る。ウェイターが一人、注文を聞きに近づいてくる。

ウェイター　：お嬢さん。

ドロシー　：コーヒーを。
　　　　　　：恋が間違うときは
　　　　　　　何もうまく行かない
　　　　　　　これは私がよく知っている一つの考え

ローレライ　：恋が間違うときは
　　　　　　　男が逃げて

ドロシー　：女は横柄になる

ローレライ　：太陽は照らさず
　　　　　　　月は輝かない
　　　　　　　潮は満ち引きしない

ドロシー　：時計は時報を打たない
　　　　　　　マッチは火が付かない

二人　：恋が間違うときは
　　　　　　何もうまく行かない

ドロシー　：憂鬱は全てあなたの周りに集まる

男の子1　：狂ってるよ、お嬢さん！

ローレライ　：昼は夜のように暗いわ
　　　　　　　男はふさわしくねえ… ともに暮らすには

男の子2　：それでどうなるの？ お嬢さん。

■ take flight
flight には「飛行、定期航空便（の飛行機）」という意味の他に、ここで使われている「逃亡、脱出」という意味もある。

■ uppity-oh
uppity は「無遠慮で横柄な」の意味。oh に特に意味はないが、uppity の響きを強めている。

■ won't
will not の短縮形。ここでは、強い拒絶の意味を表す。
ex. The door won't open.（ドアはどうしても開かない）

■ strike
他にも様々な意味を持つ語であり、「打つ、（嵐・病気・不幸などが）襲う、ぶつかる」等の意味がある。

■ light
ここでは「マッチに火がつく」という自動詞として使用されている。light は多義語であり他の品詞としても使用される。名詞では「光、照明」、形容詞では「明るい、（物が）軽い、（食べ物が）消化しやすい」、動詞では「火をつける、突然気づく」という意味を持つ。

■ blue
この語には「憂鬱・優秀・厳格・わいせつ」のイメージがある。ここでは名詞として使われているが、形容詞の blue にも文化により受け止め方が異なる。空・海の青さや青ざめたさまをいう場合は、日英共通で blue。日本語の「青二才」などに見られる未熟なイメージは英語では green で表す。

■ fit
「体の調子が良い」という意味でもよく使われる。
ex. To keep fit, I take an aerobics class three days a week.（体調を維持するために私は週3日エアロビクス教室に通う）

129

DOROTHY	: And a woman's a sorry sight	woman's ↻ sight 視界, 視力 ↻
BOY 2	: C'est la guerre!	This is war!
CROWD	: When love goes wrong	
	Nothing goes right	
	When love goes wrong	
	Nothing goes right	
DOROTHY	: Do it, honey! Do it!	do it やっちまえ ↻
CROWD	: When love goes wrong	
	Nothing goes	
	Nothing goes right	
DOROTHY	: When love goes wrong	
	Nothing goes right	
LORELEI	: Bees don't buzz	buzz ブンブン飛ぶ
	Fish don't bite	bite 餌につく ↻
BOTH	: Clock won't strike	
	The match won't light	
	When love goes wrong	
	Nothing goes right	
CROWD	: Say it great	say it great ↻
	Say it great	
	Touché!	touché (仏) ↻
	Touché!	
DOROTHY	: A woman's a fright	fright お化けみたいな醜い人 ↻
	A terrible sight	
LORELEI	: Man goes out	
	Gets high as a kite	get high kite 凧 ↻
BOTH	: Love is something you just can't fight	fight 戦う
DOROTHY	: You can't fight it, honey. You can't fight it.	
BOTH	: When love goes wrong	
	Nothing	
DOROTHY	: No bows, honey, just eight bars and off.	just eight bars and off ↻
BOTH	: Nothing goes right	
CROWD	: Crazy, crazy! Oui, oui!	Yes, yes!
DOROTHY	: Pierre, you're just in time.	just in time ぎりぎり間に合って

Gentlemen Prefer Blondes

ドロシー	：	そして女はみじめに見えるのさ
男の子2	：	戦争だね！
群衆	：	恋が間違うときは
		何もうまく行かない
		恋が間違うときは
		何もうまく行かない
ドロシー	：	それいけ、さあ！　それいけ！
群衆	：	恋が間違うときは
		何もうまく
		何もうまく行かない
ドロシー	：	恋が間違うときは
		何もうまく行かない
ローレライ	：	蜂はブンブン飛ばない
		魚は餌に噛みつかない
二人	：	時計は時報を打たない
		マッチは火が付かない
		恋が間違うときは
		何もうまく行かない
群衆	：	うまく言ったもんだ
		うまく言ったもんだ
		うまい！
		うまい！
ドロシー	：	女性はひどい面相さ
		ひどい姿
ローレライ	：	男は出て行き
		凧のように空高く舞う
二人	：	恋とはただ戦えないものだ
ドロシー	：	戦えないよ、ねえ。戦えないよ
二人	：	恋が間違うときは
		何も
ドロシー	：	お辞儀はなしよ、ねえ、ちょうど8小節で消えるわよ。
二人	：	何もうまく行かない
群衆	：	狂ってる、狂ってる！　そうだ、そうだ！
ドロシー	：	ピエール、ぎりぎり間に合ったわね。

■ woman's
= woman has

■ sight
sight は通常「視界、景色」の意味があるが、a sorry sight という表現の中では「ひどい有様」という意味で捉えるのが適当である。「a sight of…」で「多数の～」という意味になる。また、副詞的な「はるかに、ずっと」という意味も持つ。
ex. He is a sight taller.（彼のほうがずっと背が高い）

■ do it
話す口調や話しの前後関係によって様々な意味を含む。命令調で使われる場合は、「さっさとやれ！」という気持ちが入っていることが考えられる。一方で、「さぁ始めよう！」という皆を促すようなニュアンスを持つ場合もある。

■ bite
名詞として使われると「ひとかじり・少量」という意味になる。
ex. I couldn't eat another bite.（もう食べられません、お腹いっぱいです）

■ say it great
great は副詞「よく、申し分なく」の意味。群衆たちはローレライとドロシーが歌う歌の歌詞に共感している。

■ touché
参った、うまい

■ fright
「恐怖」という意味でもよく使われ、特に「突然襲われる一時的ないし激しい恐怖」という意味を持つ。他にも「恐怖」という意味を持つ類語がいくつかある。fear は「（危険・脅迫などによる）恐れ、不安」を表し、terror は「非常に強い恐怖」、horror は「嫌悪感が伴う強い恐怖」を表す。

■ get high
「高く上がる」の意味。get は become と同様に「～になる」の意味。直訳は「高くなる」だが as a kite「凧として」から考えて、「空高く舞上がる」となる。

■ kite
「凧をあげる」という場合には、raise や lift ではなく fly を使う。
ex. Let's fly a kite.（凧をあげよう。）

■ just eight bars and off
「ちょうど8小節歌って去るよ」の意味。2人で残りの8行（8小節）を歌ったところで、映画ではちょうど車が去っていく。bar の中心的な意味は「棒」だが、楽譜の小節の区切りの線も意味するようになったと考えられる。off は「離れて」を意味する。

BOTH	: It's like we said	It's like ～みたい
	You're better off dead	be better off ↻
	When love has lost its glow	glow 輝き
	So take this down	take down ～を書き留める
	In black and white	in black and white ↻
	When love goes wrong	
	Nothing goes right	
CROWD	: When love goes wrong	
	Nothing goes right	
	Nothing goes right	

23 *EXT./INT. CHEZ LOUIS THEATER – NIGHT – Pierre gazes at a LES CHANTEUSES AMERICAINES poster with Lorelei and Dorothy posing in burlesque outfits. Gus arrives and sees the poster.*

les chanteuses Americanies (仏) ↻
burlesque ↻
outfit 服装ひとそろい, したく品

GUS : Oh, dear.

Oh, dear あらまあ

Gus enters the dressing room and gives a tip to a MAN.

MAN	: Right over there, monsieur.	
GUS	: Oh, thank you.	
MAN	: Merci.	以下の明朝体はフランス語（本欄は英語訳） Thank you.
GUS	: Lorelei.	
LORELEI	: Oh, hello there.	hello there こんにちは ↻
GUS	: Hello.	
LORELEI	: You remember Mr. Esmond, don't you, dear?	
DOROTHY	: Well, perfectly.	perfectly 完璧に
LORELEI	: Why not say hello then? After all, he used to be a friend of ours.	after all だって, 何と言っても used to be かつて～だった ↻ a friend of ours ↻

132

Gentlemen Prefer Blondes

二人　　：私たちが言ったみたい
　　　　　　死んだ方が良いと
　　　　　　恋がその輝きを失うとき
　　　　　　だからこれを書き留めて
　　　　　　何かの紙に
　　　　　　恋が間違うときは
　　　　　　何もうまく行かない

群衆　　：恋が間違うときは
　　　　　　何もうまく行かない
　　　　　　何もうまく行かない

屋外／屋内－シェ・ルイ劇場－夜－ピエールは "アメリカの歌手" というバーレスク劇団の衣装でポーズを決めるローレライとドロシーが載ったポスターをじっと見つめる。ガスが到着しそのポスターを見る。

ガス　　：おや、まあ。

ガスは控え室へ入り、男にチップを渡す。

男　　　：ちょうどあちらです、旦那様。
ガス　　：おう、ありがとう。
男　　　：どうも。
ガス　　：ローレライ。
ローレライ：あら、こんにちは。
ガス　　：こんにちは。
ローレライ：エズモンドさんを覚えていらっしゃいますよね？
ドロシー：ええ、はっきりとね。
ローレライ：じゃあ、あいさつしたらどうかしら？　だって彼は以前私たちの友達だったのですから。

■ be better off
off の後に形容詞または動名詞を伴って、「(~である方が、~した方が) もっと良い状態になる、一層暮らし向きが良くなる、いっそう楽である」の意味。
ex. You are better off buying it downtown. (それなら中心街で買った方が良いよ)

■ in black and white
「文書で」の意味。古今東西を問わず、文書は白い紙に黒い文字で書かれてきたことがこのイディオムの土台にある。
ex. The rules are all here in black and white. (規則はすべてここに文書化されています)

■ les chanteuses Americanies
= American female singers
米国人女性歌手
■ burlesque
シェークスピア等の文芸作品をパロディ化した茶番。一般的には軽い下ネタの類のコントや、お色気を強調した踊りを含めたショーのこと。

■ hello there
この there は「そちらの人」を意味する。そこから「やあ、あなた」とか「こんにちは、皆さん」といった意味合いになる。したがって少し離れたところにいる相手に用いるのが普通。Hi there も同様の意味でよく使われる。
■ used to be
この表現は、現在はかつての状態と異なることを含意している。したがって、ガスはかつてローレライとドロシーの友達だったが、現在はもう友達ではないという含みがある。
ex. There used to be a beautiful park there. (以前そこにはきれいな公園があった)
■ a friend of ours
「私たちの友達の一人」の意味。our friend がどちらかと言うと「親友」を含意するのに対し、この表現は「友達というグループに属している一人」を含意する。
ex. He isn't her boyfriend, just a friend of ours. (彼は彼女の恋人なんかじゃなく、ただの私たちの仲間の1人よ)

133

DOROTHY	: Nice to see you again.	
GUS	: Nice to see you.	
LORELEI	: Yes, indeed.	indeed 本当に
GUS	: Lorelei. Lorelei, wait!	
	: Look, Lorelei. I've flown the entire Atlantic Ocean just to talk to you and now you...	the entire Atlantic Ocean ⓞ
LORELEI	: Well, you might come in for a minute. That's if you don't mind?	might 〜したらどうでしょう ⓞ for a minute 少しの間
DOROTHY	: Oh, I don't mind if you don't mind.	mind 〜が気に障る,〜が嫌である
LORELEI	: Mr. Esmond?	
GUS	: Thank you.	
GUS	: Lorelei, aren't you even gonna say you're sorry?	
LORELEI	: I won't let myself.	
	: I won't let myself fall in love with a man who won't trust me, no matter what I might do.	fall in love with 〜に恋に落ちる trust 〜を信頼する no matter what I might do ⓞ
GUS	: "No matter what you... ?"	
	: Lorelei, that's being unreasonable.	that's being unreasonable ⓞ
LORELEI	: Well, goodbye, then.	
GUS	: How can I trust you after all Father's found out about you?	How can I trust you ⓞ Father's found ⓞ
WOMAN	: We're ready to dress you, mademoiselle.	
LORELEI	: Be right there.	Be right there ⓞ
GUS	: Lorelei, I...	
LORELEI	: It's men like you who have made me the way I am.	it's men...I am ⓞ if you...I've been through ⓞ
	: And if you loved me at all, you'd feel sorry for the terrible troubles I've been through instead of holding them against me.	if...at all 少しでも…なら you'd ⓞ feel sorry for 〜に対して申し訳なく思う be through 〜を経験する instead of 〜の代わりに hold them against me ⓞ
	: No, no. Don't say another word.	another ⓞ

Gentlemen Prefer Blondes

ドロシー	: またお会いできて嬉しいわ。
ガス	: こちらこそ。
ローレライ	: ええ、本当に。
ガス	: ローレライ。ローレライ、待って。
	: ねえ、ローレライ。僕は君と話すために大西洋をはるばる飛んできたんだ…
ローレライ	: 少しの間ですが中に入ったらどうでしょう。それはドロシーが嫌じゃなかったらですけど。
ドロシー	: あら、私は嫌じゃないわ、あなたが嫌じゃなければ。
ローレライ	: エズモンドさん?
ガス	: ありがとう。
ガス	: ローレライ、いまだに謝るつもりじゃないよね。
ローレライ	: 絶対しないわ。
	: 私は自分を信頼してくれない男に恋しないわ、たとえ私が何をしようとも。
ガス	: 「たとえ何をしようと…?」
	: ローレライ、無茶言わないでくれよ。
ローレライ	: じゃあさようなら。
ガス	: どうやって君を信頼できるんだよ、父が君に関する全てを知った後でさ。
女性	: お嬢様、お着替えの準備ができています。
ローレライ	: すぐ行きます。
ガス	: ローレライ、僕は…
ローレライ	: 私をこんな風にしたのはあなたみたいな男たちです。
	: 少しでも私を愛しているのなら私が経験してきたひどいトラブルに同情するでしょ、私に対してトラブルを突きつけてくるのではなくて。
	: いや、もう一言も言わないで。

■ the entire Atlantic Ocean
entire「全体の」をつけることによって、「遠路はるばる大西洋を超えてきた」というニュアンスが出ている。

■ might
助言や提案「〜してはどうでしょう」の意味の助動詞。mayよりも柔らかく婉曲的な意味合いがある。

■ no matter what I might do
= whatever I might do
「たとえ私が何をしようとも」の意味。譲歩を表すときに用いる。

■ that's being unreasonable
be動詞の現在進行形を用いることで、「わざと〜になっている」というニュアンスが生じる。したがって「わざと無茶言っているだろう」の意味。

■ How can I trust you…?
「どうやって君を信頼できるか」の文字通りの疑問の意味ではなく、「私は君を信頼できっこない」という反語的な意味合いが強い。

■ Father's found
= Father has found

■ Be right there.
= I'll be right there.
「すぐにそちらへ伺います」の意味。文頭のI'llが省略されている。rightは「すぐに」の意味。

■ It's men…I am.
It is…who 〜「〜する(した)のは…だ」の強調構文である。likeは「〜のような」の意味。makeは目的語と補語を伴い「…を〜にする」、the way〜は「〜方法、どのように〜か」の意味。したがってthe way I amで「私の様子、私がこんな風であること」の意味になる。要するにガスに対し、「あなたが悪い」と攻撃的な態度をとっている。

■ if you…I've been through…
if節の中がloved、主節がyou'd feelとなっていることから、仮定法過去の文である。現実の逆を表現するため、ガスに対して暗に「私を愛していないから、私が経験してきたトラブルに何とも感じていない」と怒りをぶつけている。

■ you'd
= you would

■ hold them against me
holdは「保持する」が中心的な意味である。them は the troubles I've been throughを指す。againstは「〜に対して」を意味する。以上を文脈に当てはめて解釈すると、「私に対してトラブルを突きつける」となる。

■ another
「もう一つの」を意味する。otherにanがくっついた形であり、他にたくさんある中から不特定に一つ選ぶときの「もう一つ」である。この場合anotherがつくことにより、「これ以上他に一言もしゃべるな」という強い意味合いになる。

135

GUS	: I wasn't gonna say anything.
DOROTHY	: Poor Gus. You have a pretty tough time. You know, if you really wanna get upset, go out and see the number she's gonna do next.
GUS	: You mean...
GUS	: Oh, dear. Thank you.

poor 哀れな
tough つらい
you know あのね、ええと
get upset ◑
number （ミュージカルの）曲目、演目

you mean ～ということですか、つまり～ってこと?

豪華客船について

　ローレライ達は「Île de Paris」という豪華客船でパリに向かう。この映画が上映された1953年当時ニューヨークとパリの間を行き来していた豪華客船にÎle de Franceがある。「Île de Paris」はおそらくこの船の名前をもじったものと思われる。ローレライやドロシーは客船の中で、パーティーをしたり高級レストランでディナーを楽しんだりと船旅を満喫していたが、当時の豪華客船はいったいどんなものだったのだろうか。現在でも旅行会社の広告などで「豪華客船クルージングの旅」など魅力的な言葉を目にするが、当時の豪華客船と現在のそれは似て非なるものだと言える。つまり、現在の豪華客船が、船の上で快適に楽しく過ごす娯楽的な要素が強いのに対し、当時の客船は遠洋定期船であり、貨物輸送を主の目的としていたのだ。ヨーロッパとアメリカを結ぶ北大西洋航路は、列強諸国が威信をかけた豪華客船が往来した。アメリカではこういったタイプの客船を「オーシャン・ライナー」と呼んでいた。皆さんがよくご存知のタイタニックもその一つで、北大西洋航路用に造られたイギリスの豪華客船である。遠洋定期船として豪華客船が多く利用されたのは1880年代からその役割が飛行機に移り始めた1950年代

ガス	：何か言うつもりは無かったよ。
ドロシー	：あわれなガス。あなたもつらいわね。あのね、彼女が次に出るナンバーを見に行ってみてよ、本当にあなた狼狽しちゃうわよ。
ガス	：つまり…
ガス	：ああ、ありがと。

■ get upset
getは「〜になる」の意味。upsetは形容詞「気が動転して、狼狽して」の意味。
ex. She tried not to get upset in front of her children. (彼女は子供たちの前で取り乱さないよう努めた)

までだった。世界恐慌後には、北大西洋航路の豪華客船の間でスピード競争が勃発し、各国がスピードを競い合った。ドイツのブレーメンが口火を切り、イタリアのレックス、フランスのノルマンディー、イギリスのクィーン・メリーが次々と記録を更新していった。この競争のため、本映画が上映された当時はニューヨークからフランスのシェルブールやル・アーブルまで約4日で行けるようになっていた。

では当時の客船の内装はどうであったのか。豪華客船と言うくらいなので、旅の間も優雅な生活ができるような設備があった。特に一等客室は一般的なホテルよりも優れた家具、設備が整っており、本映画でも出てきたような室内プールや、高級レストランを有する客船もあった。それ以外にも、バーや、図書館、トレーニングルーム、バーベキューができる場所まであり、陸上と同じような生活を送れるほどの客船もあったという。ローレライ達の「Île de Paris」での過ごし方から、当時の豪華客船内の雰囲気を味わうのもおもしろい。

日比野　彰朗

A Girl's Best Friend

Gus sits at a table in the theater. He is surprised when he sees Lorelei turn around on stage wearing a bright pink dress surrounded by men in suits. She whacks a man on the face with her fan.

LORELEI : No!

LORELEI : No… no, no, no, no, no, no, no!

LORELEI : No… no!
No, no, no, no, no, no, no!
No! No!
No, no, no, no, no, no, no!
No!

LORELEI : The French are glad to die for love
They delight in fighting duels
But I prefer a man who lives
And gives expensive jewels
A kiss on the hand
May be quite continental
But diamonds are a girl's best friend
A kiss may be grand
But it won't pay the rental
On your humble flat
Or help you at the automat
Men grow cold as girls grow old
And we all lose our charms in the end
But square-cut or pear-shaped
These rocks don't lose their shape
Diamonds are a girl's best friend

---

turn around 振り向く, 回転する
bright 明るい
surrounded by ～に囲まれて
suit スーツ, 背広
whack ～を強く打つ ◎
fan うちわ, 扇, 扇子

glad うれしい ◎

delight 大喜びする
duel 決闘
prefer ～を好む ◎

expensive 高価な

quite 非常に, かなり
continental ヨーロッパ風の ◎
Diamonds Are a Girl's Best Friend → p47
grand すてきな, すばらしい
rental 賃貸料, 家賃
humble みすぼらしい, 地味な
flat アパート ◎
automat 自動販売式食堂 ◎

charm 魅力
in the end 最後に, 結局は ◎
square 正方形
pear 洋なし
shape 形作る, 形

138

Gentlemen Prefer Blondes

女の子の一番の友

DVD 01:09:46
□□□□□□

ガスは劇場のテーブルに座る。彼はローレライがスーツを着た男性に囲まれて、明るいピンクのドレスを身にまとい舞台上で振り返るのを見て驚く。彼女は扇子で一人の男性の顔をぴしゃりとたたく。

ローレライ ： ダメ!

ローレライ ： ダメ… ダメ、ダメ、ダメ、ダメ、ダメ、ダメ、ダメ!

ローレライ ： ダメ… ダメ!
ダメ、ダメ、ダメ、ダメ、ダメ、ダメ、ダメ!
ダメ! ダメ!
ダメ、ダメ、ダメ、ダメ、ダメ、ダメ、ダメ!
ダメ!

ローレライ ： フランス人は喜んで恋のために死ぬ
決闘する中で喜ぶ
しかし私は高価な宝石に生き
高価な宝石をくれる男が好き
手へのキスは
とてもヨーロッパ風かも知れない
でもダイヤモンドは女の子の一番の友
キスは楽しいかも知れない
でもそれでは賃貸料は払えない
あなたの粗末な家の
自動販売式食堂でも助けてくれない
女が老いると男は冷たくなる
そして私たちは皆最後に魅力をなくしてしまう
正方形にカットされても洋ナシ型でも
石はその形を失わない
ダイヤモンドは女の子の一番の友

■ whack
「〜を強く打つ」という意味で、whack someone on the head とすると「(人)の頭を打つ」という意味になる。whack を名詞で用いて give 〜 a whack としても、「(鋭い音を響かせて)〜を強くたたく」という意味。
ex. He gave the wall a whack.（彼は壁を強くたたいた）

■ glad
「うれしい」の意味だが、happy ほどうれしさの度合いが高くないと言える。また glad は一時的なうれしい感情であるのに対し、happy の方が持続的な幸福感を含意する。

■ prefer
「(…より)〜を好む」と比較の対象を含んでおり、この文脈では「喜んで恋のために死ぬフランス人より」が暗にそれとわかる。明示する場合は to を用いて表す。
ex. I prefer playing sports to watching them.（私はスポーツを見るよりもプレーするのが好きだ）

■ continental
continent が「大陸」であり、その形容詞なので「大陸の」が文字通りの意味である。当時の米国人にとって「大陸＝ヨーロッパ」を表し、この文脈では「伝統的な、格式高い」などの意味が暗に含まれていると言える。

■ flat
英国英語で、日本のアパートやマンションを意味する。ちなみに英語で mansion というと、「大邸宅」を意味するので注意が必要である。

■ automat
主に 1930 年代に米国で流行した食堂の形態。料理はガラス張りのケースの中に入っており、スロットにコインを入れると自由に取り出せる。取り出した料理は自分でテーブルに運び食べた後は busboy または busgirl が片づけてくれる。

■ in the end
ex. They got divorced in the end.（彼らは結局離婚した）

LORELEI : Tiffany's!

LORELEI : Cartier!

LORELEI : Black, Starr, Frost, Gorham
Talk to me, Harry Winston
Tell me all about it!

LORELEI : There may come a time
When a lass needs a lawyer
But diamonds are a girl's best friend
There may come a time
When a hard-boiled employer
Thinks you're awful nice
But get that ice
Or else no dice
He's your guy when stocks are high
But beware when they start to descend
It's then that those louses
Go back to their spouses
Diamonds are a girl's best friend

LORELEI : I've heard of affairs
That are strictly platonic
But diamonds are a girl's best friend
And I think affairs that
You must keep liaisonic
Are better bets
If little pets get big baguettes
Time rolls on
And youth is gone
And you can't straighten up
When you bend
But stiff back or stiff knees
You stand straight at...
...Tiffany's

Tiffany's ティファニー ◎

Cartier カルティエ ◎

Black, Starr, Frost, Gorham ブラック, スター, フロスト, ゴーラム ◎
Harry Winston ◎

there may come a time when ～時が来るかもしれない
lass （スコットランド）若い女, 少女
lawyer 弁護士

hard-boiled ドライな, 無感情の, 現実的な
employer 雇用者, 主人
awful ◎
ice ◎
or else さもないと
no dice （米）拒否, おことわりだ
guy 男, やつ
stock 株
beware 用心する
descend ◎
louse いやなやつ, ろくでなし ◎
spouse 配偶者

hear of ～のことを耳にする
affair 情事, 不倫
strictly 全く, 厳格に
platonic 友愛的な ◎

liaisonic （男女間の）私通の, 密通の ◎
bet 選択すべき方策, 手だて, 意見, 賭け
baguette 細長いフランスパン, バゲット ◎
roll on 過ぎ去る
gone 失われて, 去って
straighten up 体をまっすぐにする, ピシッとする
bend 腰をかがめる, 曲がる
stiff 硬直した, 凝り固まった
back 背中, 腰
knee 膝
stand straight まっすぐ立つ

Gentlemen Prefer Blondes

ローレライ ：ティファニー！

ローレライ ：カルティエ！

ローレライ ：ブラック、スター、フロスト、ゴーラム
　　　　　　　私に話して、ハリー・ウィンストン
　　　　　　　それについて全部私に話して！

ローレライ ：来るかもしれない
　　　　　　　少女が弁護士を必要とする時が
　　　　　　　でもダイヤモンドは女の子の一番の友
　　　　　　　来るかもしれない
　　　　　　　ドライな雇用者が
　　　　　　　あなたがすごく素敵だと思う時が
　　　　　　　でもそのダイヤを得るか
　　　　　　　さもないとお断りか
　　　　　　　彼はあなたの思い通りよ、株が上がればね
　　　　　　　でも株が下がり始めたらご用心ね
　　　　　　　そのクソ野郎たちが帰って行く時だわ
　　　　　　　自分の奥様の所へ
　　　　　　　ダイヤモンドは女の子の一番の友

ローレライ ：聞いたことあるわ
　　　　　　　まったくプラトニックな情事も
　　　　　　　でもダイヤモンドは女の子の一番の友
　　　　　　　そして私は思うわ
　　　　　　　秘密を貫かなければならない情事は
　　　　　　　大いにけっこうな選択よ
　　　　　　　小さなペットが大きなフランスパンを得られるならね
　　　　　　　時が過ぎ去り
　　　　　　　若さが失われ
　　　　　　　まっすぐに体を起こせなくなるの
　　　　　　　腰を曲げたときに
　　　　　　　でも硬くなった背中も硬くなった膝も
　　　　　　　まっすぐに立つわ
　　　　　　　ティファニーに

■ Tiffany's
1837年に米国で創業され、現在は世界的に有名な宝飾品および銀製品のブランドとなった。会社の正式名称は Tiffany & Co である。

■ Cartier
フランスのジュエリー・高級時計ブランド。「Jeweller of kings, king of jewellers 王の宝石商、宝石商の王」と言われる名門ブランドである。

■ Black, Starr, Frost, Gorham
19世紀の米国の宝石商たち。スターとフロストがブラックのジュエリー・メゾンに加わり、1876年に「ブラック・スター＆フロスト社」と社名を改めた。

■ Harry Winston
ニューヨークの宝石商。現在もニューヨークの五番街に本店を構える老舗である。

■ awful
= awfully; very; extremely; really

■ ice
= diamond

■ descend
= decrease

■ louse
「しらみ」の意味では複数形が lice になる。「ろくでなし」の意味では複数形が louses になる。

■ platonic
文字通りには古代ギリシャの哲学者「プラトン」の形容詞「プラトンの」という意味だが、プラトンのイデア論に絡めて「精神的な、友愛的な」という意味を表すようになった。この意味のときには頭文字は小文字で表す。とりわけ恋愛に関して用いられるときは「肉体関係がない」を意味する。

■ liaisonic
フランス語の「連結」という意味の単語が語源。名詞 liaison は広く使われるが形容詞 liaisonic は非標準的で、辞書などにも載っておらず、造語に近いと考えられる。

■ baguette
「小さいペットが大きなフランスパンを得る」という裕福になることのたとえだが、pets と baguettes で韻を踏んでいる。さらに baguette には「長方形カットの宝石」という意味もあり、ダイヤモンドを連想させられる。言葉遊びに富んだ1行である。

141

LORELEI : Diamonds
CHORUS : Diamonds
LORELEI : Diamonds
CHORUS : Diamonds
LORELEI : I don't mean rhinestones
ALL : But diamonds
LORELEI : Are a girl's best...
　　　　　　Best friend

25　Lorelei returns to the dressing room.

DOROTHY: Hi, honey. How did Gus like your number?
LORELEI : He didn't applaud. He looked kind of grim.
DOROTHY: Hand me my hat there, will you please?
LORELEI : He is sweet, isn't he? I really do love Gus.
DOROTHY: You do? Really?
LORELEI : There's not another millionaire in the world with such a gentle disposition.
　　　　　: He never wins an argument, always does anything I ask and he's got the money to do it with.
　　　　　: How can I help loving a man like that?
DOROTHY: Oh, I guess so. Oh, let's don't talk about love.
　　　　　: It reminds me of my friend Malone, the human ferret.

MANAGER: Mademoiselle Lee! Quelle catastrophe! Les gendarmes…
　　　　　: The police are here! They ask for you!
　　　　　: They have a warrant for your arrest.
　　　　　: They are coming now. It will get in all the newspapers. It will hurt my business.
　　　　　: Quel scandal.

---

rhinestone　ラインストーン

How did Gus like your number
number　曲
applaud　拍手する
kind of
grim　険しい
Hand me my…you please
I really do love him
You do
millionaire　百万長者, 大金持ち, 大富豪
disposition　気質, 素質

win an argument　議論に勝つ

How can I…like that

let's don't do　〜するのはやめよう

ferret

以下の明朝体はフランス語(本欄は英語訳)
Miss Lee! What a catastrophe! The policemen…

ask for　〜に用がある

warrant for someone's arrest　〜に対する逮捕状
It will … all the newspapers
hurt someone's business　〜のビジネスに悪影響を及ぼす
What a scandal.

ローレライ	: ダイヤモンド
コーラス	: ダイヤモンド
ローレライ	: ダイヤモンド
コーラス	: ダイヤモンド
ローレライ	: 偽ダイヤじゃないわ
全員	: でもダイヤモンドが
ローレライ	: ダイヤモンドは女の子の一番の一番の友

ローレライは楽屋に戻る。

ドロシー	: あら、あなた。ガスはあなたの曲を気に入ったかしら？
ローレライ	: 彼は拍手しなかったわ。ちょっと険しく見えた。
ドロシー	: そこにある私の帽子を取ってくれる？
ローレライ	: 彼は優しいでしょ。私、本当にガスを愛しているの。
ドロシー	: あなたが？　本当に？
ローレライ	: 彼ほど気立ての優しい百万長者はどこにもいないわ。
	: 議論に勝つことなんてないし、いつだって私の頼みを何でも聞いてくれる。そして彼にはそれをするだけのお金があるのよ。
	: 彼を愛さずにはいられないわ。
ドロシー	: ええ、分かるわ。ねえ、恋愛の話はやめましょう。
	: マローンを思い出すから、あの探偵を。
マネージャー	: リーさん！　大変だ！　憲兵だよ！
	: 警察が来たぞ！　お前に用だとさ！
	: お前に対する逮捕状を持っている。
	: こっちに来るぞ。新聞沙汰になるだろう。店の名に傷がつくぞ。
	: 何てことだ。

■ rhinestone
ファセット・カットされた水晶、ガラスまたはアクリル樹脂製のダイヤモンド類似石を指す。模造宝石の一種で、今日では裏面に金属を真空蒸着したものが一般的である。

■ How did Gus like your number?
「How do you like…」で好みを尋ねて、「～をどのように料理することをお望みですか？」の意味があるが、ここでは、感想を尋ねて、「～を気に入りましたか？　～をどう思いますか？」の意味。

■ kind of
「ちょっと、やや」の意味。断定するのを避け、表現を和らげるために使う。

■ Hand me my...you please?
= Will you please hand me my hat there?
Will you please…？で「～していただけますか？」という依頼の意味。相手に「意志」があるかどうかを尋ねる表現である。Can you please…？も依頼の意味を持つが、より親しい間で使うくだけた表現である。「hand me + O」で「私に～を取って」という意味。

■ I really do love him
do は一般動詞 love を強調するために使われる。過去のことを強調したい場合は I did love him. と表現する。

■ You do?
do = love him と捉えることができ、Do you love him? と似た意味合いである。

■ disposition
= nature; character; personality

■ How can I help loving a man like that?
help はここでは avoid「～を避ける」や stop「止める」の意味で、直訳すると「私はどのようにしてそのような男を愛することを避け（止め）られるだろうか？」となり、彼を深く愛していることが伝わる表現。

■ let's don't do
「～するのはやめよう」の意で、米国の口語的な表現。一般的には「Let's not do」である。

■ ferret
フェレット。イタチ科の動物で、ネズミやウサギを狩るために家畜化されていることが多いことから、ここでは、「(執拗に)探索、捜索する人」の意味。

■ It will...all the newspapers
get in で「入る」という意味。「全ての新聞に入る」とは、「全ての新聞で取り上げられる」ということだと考えられる。

DOROTHY: Now will you get rid of that jinxed tiara.
LORELEI : But Piggy gave it to me. If I give it back, it's like admitting I stole it.

DOROTHY: Oh, keep still honey. You're in a strange country. You can't prove that you didn't steal it.
: Do you want to take a chance at a couple of years in the Bastille?
LORELEI : I guess I've got to give it back.
DOROTHY: Where is it?
LORELEI : In there.
DOROTHY: Well, come on, let's get it.
LORELEI : Oh, Dorothy. It's just not fair.
DOROTHY: No, of course not.

LORELEI : Dorothy, it's gone!
DOROTHY: What? Are you sure this is where you left it?
LORELEI : Yes. It's been stolen! It's been stolen!

DOROTHY: The cops!
: Oh, sister, we really are in a jam.

DOROTHY: Come on.

DOROTHY: Maybe you can get through here if I give you a boost.
GUS : Lorelei? It's me, Gus.
LORELEI : Gus.
GUS : I've come to say goodbye.
DOROTHY: He's your best chance.
LORELEI : Why? He can't boost me any higher than you can.

---

get rid of 処分する
jinx 不運をもたらす ◎
give it back それを返す
like 〜のような
admit 〜を認める

keep still 静かにしている, じっとしている
strange 未知の, 不慣れな ◎
prove 証明する

take a chance ◎
a couple of ◎
Bastille ◎

have got to do ◎

fair 公平な, 公正な
of course not 当然違う

gone 消失した

Oh, sister ◎

get through 〜を通り抜ける
give a boost 押し上げる, 後押しする, 力添えする

say goodbye さよならを言う, 別れを告げる
best chance 絶好のチャンス

boost me any...than you can ◎

ドロシー	: もうあの不運をもたらすティアラを処分なさい。
ローレライ	: でもあれはピギーが私にくれたのよ。もしも返したら、私が盗んだと認めるようなものだわ。
ドロシー	: もう、静かになさい。あなたは未知の国にいるのよ。盗んでいないだなんて、あなたには証明できっこないんだから。
	: バスティーユ監獄でわざわざ2～3年危険を冒したいの？
ローレライ	: どうやら返すしかないようね。
ドロシー	: ティアラはどこなの？
ローレライ	: あっち。
ドロシー	: さあ、早く、取りに行きましょう。
ローレライ	: ねえ、ドロシー。そんなのフェアじゃないわよ。
ドロシー	: ええ、もちろんそんなことないわ。
ローレライ	: ドロシー、ティアラがないわ！
ドロシー	: 何だって？　確かにここに置いたの？
ローレライ	: そうよ。盗まれたんだわ！　盗まれてしまったんだわ！
ドロシー	: 警察だ！
	: あらまあ、私たち本当に困ったことになってしまった。
ドロシー	: さあ来て。
ドロシー	: 私が後押ししたら、あなたはここから出られるかも知れない。
ガス	: ローレライ？　僕だよ、ガスさ。
ローレライ	: ガス。
ガス	: さようならを言いに来たんだ。
ドロシー	: 絶好の機会だわ。
ローレライ	: どうして？　彼があなたより高く私を後押しできるわけではないわ。

■ jinx
ジンクスといえば、日本語では縁起や因縁、言い伝えなど、良い意味でも悪い意味でも使われるが、英語では不運をもたらす、縁起の悪いという意味でのみ使われる。

■ strange
フランスは、米国人のローレライには未知の国であるということ。
ex. Don't forget now you are in a strange city.（見知らぬ街にいるということを忘れるな）

■ take a chance
「(良好な結果を願って) 危険を冒す」という意味で、「良好な結果を願って」から「わざわざ」「自分から進んで」というニュアンスが生じる。つまり、ドロシーは「ティアラに固執してわざわざ収監されに行く気なの？」と言っている。
ex. I took a chance and bet all my money on the horse.（一か八か、その馬に全財産を賭けた）

■ a couple of
= a few
「2～3の」

■ Bastille
「牢獄」の意味であるが、Bastille のように大文字で表されると、「バスティーユ監獄」の意味。バスティーユ監獄は、1789年7月14日フランス革命の際に、民衆が破壊した。ちなみに、7月14日は Bastille Day（パリ祭、フランス革命記念日）である。

■ have got to do
= have to
「～しなければならない」

■ Oh, sister
「あらまあ、やれやれ」
Oh, boy! をまねた言い換え。

■ boost me any...than you can
「any + 比較級」の any は「少しも」の意味であり、直訳すると「彼はあなたより少しも高く私を押し上げることができない」となる。ちなみに「boost ~ high」は「help ~ very much」の比喩的な表現としても使える。
ex. He doesn't know any more than I do.（彼は私が知っている以上のことは知らない）

GUS	: Lorelei?	
DOROTHY	: Just a minute, Gus.	just a minute ちょっと待って
	: Listen, either you hock some of that stuff or get the price of a diamond tiara out of him.	either A or B　AかそれともB hock ⊙ get the price...of him ⊙
LORELEI	: How much do you think a diamond tiara will cost?	how much　いくら, どのくらい cost　(お金・費用等が) かかる
DOROTHY	: 15,000 at least.	at least ⊙
LORELEI	: Oh, let's see. That'll take an hour and 45 minutes.	let's see ⊙
DOROTHY	: All right. You get the money and I'll take care of the gendarmes.	take care of ⊙ gendarme　(仏) ⊙
LORELEI	: How?	
DOROTHY	: Never mind how. You're not the only one around here with hidden talents.	not the only one　唯一の人でない hidden talent　隠れた才能
GUS	: Lorelei?	
LORELEI	: Coming!	Coming ⊙
LORELEI	: You can come in now, Daddy darling.	
GUS	: Lorelei, I've made up my mind.	make up one's mind ⊙
	: We're through. Through forever.	through　(関係などが) 終わりの
LORELEI	: Oh. But first I want to kiss you goodbye.	kiss A goodbye　～にさよならのキスをする
GUS	: Very well.	very well ⊙
LORELEI	: No, no. Not in front of everybody.	in front of　～の前に
	: Come on in, Daddy darling.	

INT. AIRPORT – NIGHT – A WOMAN advises Ernie of the arriving flight.

		advise someone of ⊙ arriving flight　到着便
WOMAN	: This is your flight coming now, monsieur.	
ERNIE	: Oh, thanks very much.	
WOMAN	: You're welcome.	
MAN	: Merci, monsieur.	以下の明朝体はフランス語 (本欄は英語訳) Thank you, sir.

Gentlemen Prefer Blondes

ガス	：ローレライ？
ドロシー	：ちょっと待って、ガス。
	：よく聞くのよ、あれのいくらかを質に入れるか、ダイヤモンドティアラのお金を彼から引き出しなさい。
ローレライ	：あれいくらぐらいすると思う？
ドロシー	：1万5千ドルは下らないわね。
ローレライ	：ええっと、1時間45分かかるわ。
ドロシー	：わかったわ。じゃああなたはお金を用意してちょうだい、警察は私が何とかするから。
ローレライ	：どうやって？
ドロシー	：そんなこと気にしなくていいの。隠れた才能があるのはあなただけじゃないんだから。
ガス	：ローレライ？
ローレライ	：今行く！
ローレライ	：もう入っていいよ、パパ。
ガス	：ローレライ、決心したよ。
	：僕たちはもう終わりだ。永遠にね。
ローレライ	：まあ。でもまずあなたにさよならのキスをさせて。
ガス	：いいだろう。
ローレライ	：だめだめ。みんなの前じゃだめよ。
	：さあ入って、パパ。

屋内 – 空港 – 夜 – 女性がアーニーに到着便について知らせる。

女性	：今向かって来ているのがあなたのフライトですよ、お客様。
アーニー	：おお、どうもありがとう。
女性	：どういたしまして。
男性	：ありがとうございます、お客様。

■ hock
= pawn
「〜を質に入れる」

■ get the price...of him
「get + A + out of B」で「AをBから取り出す」の意味。ちなみに、get out of と繋げると、「〜から外へ出る、〜から降りる」の意味になる。
ex. I can't get it out of my head.（それを頭から取り出すことが出来ない＝そのことが頭から離れない）
cf. I can't get out of bed on Sundays.（日曜はベットからなかなかでられない）

■ at least
「〜を下らない、最少に見ても」の意味。least は little の最上級であり、形容詞で「〜の度合いが最も少ない、低い」、副詞で「最も少なく」の意味を表す。
ex. It will take at least 10 days to complete.（完成させるには少なくとも10日はかかるでしょう）

■ let's see
「ええっと、そうねぇ」の意味で、考え中に使われる表現である。let's は let us の短縮形であるが、us を me に変えた Let me see. も、同様の意味を表す。

■ take care of
「〜の世話をする」の意味もあるが、ここでは「〜を引き受ける、〜に対処する」の意味。

■ gendarme
憲兵

■ Coming!
= I'm coming!
「今（そちらに）行きます！」
英語では、相手のところへ行くときは come を使う。日本語につられて I'm going! とすると、相手から離れてしまうイメージがある。
ex. Dinner is ready. - Coming!（「夕食ができたよ」－「今行く！」）

■ make up one's mind
= decide
直訳すると「心を作り上げる」ことであり、要は「決心する」ということ。

■ Very well.
「いいだろう、かしこまりました。」
命令や依頼に対して承諾する表現。

■ advise someone of
（人）に〜について知らせる。

147

OFFICER : Pardon, monsieur. Until you finish customs you can't...

ESMOND : I know. I just wish to speak with this gentleman.

OFFICER : Oui, monsieur.

ESMOND : Well, Malone?

ERNIE : How are you, Mr. Esmond? Have a nice trip?

ESMOND : My son, where is he?

ERNIE : Well, a few minutes ago he was in the café where the girls are working.

ESMOND : I explicitly told you in my cable to stay with him until I arrived.

ERNIE : Well, he's…

ESMOND : Don't you know he can't be left alone in the same city with that blonde man-trap.

ERNIE : Well, he's perfectly safe for a while.
: Right now, the blonde man-trap is in the quatrième arrondissement night court getting ready to explain a few things to the police.

ESMOND : Well, that's much better.

ERNIE : We'll go over there as soon as you get through this customs thing.

ESMOND : I'll be right with you.

PIGGY : I beg your pardon.

ERNIE : Well, Sir Francis Beekman.
: I heard you'd gone to Africa.

PIGGY : What? What'd you say?
: Beekman? No, sir. My name is not Beekman. My name is Amos Finch.

ERNIE : All right. If that's how you want it.

PIGGY : Oh, I say. Don't be in such a confounded rush.

Gentlemen Prefer Blondes

役人	：申し訳ございません、お客様。税関手続きをお済ませになるまでは…	■ customs 「税関手続き」 複数の s がついているが、通例単数扱いである。ちなみに、単数形の custom には、「習わし、習慣」の意味がある。
エズモンド	：分かっておる。こちらの紳士と話したいだけだ。	
役人	：はい、お客様。	
エズモンド	：さて、マローンや？	
アーニー	：ご機嫌いかがですか、エズモンドさん？ 旅はいかがでしたか？	■ Have a nice trip? = Did you have a nice trip? ■ café 「キャバレー、酒場、喫茶店」
エズモンド	：息子はどこだ？	■ where 関係副詞として使われ、場所を表す。ここでは、café がどのような場所なのか後ろから説明が加えられている。
アーニー	：えーと、彼は数分前、例の女たちが働いているキャバレーにいらっしゃいました。	
エズモンド	：私が到着するまで彼と一緒にいるようにと、外電ではっきりと伝えただろう。	■ arrived 主節の動詞が told と過去形なので、時制の一致で arrived と過去形になる。
アーニー	：えーと、彼は…	■ Don't you know 「〜も知らないの？」と、相手をばかにした感じの表現。
エズモンド	：息子をあの金髪の誘惑的な女と同じ街に一人きりにしてはならないと分からないのか。	■ quatrième arrondissement = fourth district district とは行政・教育・選挙などの目的
アーニー	：えーと、彼はしばらくは完全に安全です。 ：ちょうど今、あの金髪の誘惑的な女は4区の夜間法廷にいて、警察にいくつか説明する準備中です。	で区分けされた区域という意味。パリ市内には20の行政区があり、市の中心から時計回りに螺旋を描くようにして番号が振られている。この第4区はセーヌ川沿いのパリのほぼ中心部に位置している。歴史のあるエリアで、ノートルダム大聖堂やパリ市庁舎などがある。
エズモンド	：おお、その方が良い。	■ much better Better は good や well の比較級で「より良い」という意味。much はその程度を強
アーニー	：この税関の手続きを終えたらすぐに向こうへ行きましょう。	めるので、全体で「（〜よりも）ずっと良い、はるかに良い」という意味になる。
エズモンド	：すぐに行こう。	■ thing 「問題、話題」を表す口語表現で、名詞の後に用いられる。 ex. Let's not talk about the politics thing right now.（今政治の問題について話すのはやめようよ）
ピギー	：すみません。	
アーニー	：おや、フランシス・ビークマンさん。 ：アフリカに行かれたと聞きましたが。	■ I beg your pardon beg には「懇願する、請い願う」という意味があり、文字通りの意味は「私はあなた
ピギー	：何だと？ 何と言った？ ：ビークマン？ いえ、違いますよ。私の名前はビークマンではない。エイモス・フィンチだ。	の許しを請う」である。「何とおっしゃいましたか？」と、聞き取れなかったときに使うことが多いが、「すみません」という
アーニー	：分かりました。そのようにお望みでしたら。	意味合いで使うこともあり、ここでは後者である。
ピギー	：ああ、ちょっと。そんなに急がないで。	■ What'd What did の短縮形

PIGGY	: Aren't you the chap on the boat?	Aren't you （あなたは）〜ではないのですか？ chap 人, 男 ⊙
ERNIE	: I am.	
PIGGY	: I thought so.	
	: Oh, I was just having a bit of a joke. Of course I'm Beekman.	a bit of 少しの〜
ERNIE	: You're sure?	You're sure ⊙
PIGGY	: Well, rather.	rather ⊙
	: My plane leaves in an hour. Do you know where to find Miss Lee?	know where to find 〜がどこで見つかるかを承知している
ERNIE	: I think so.	
PIGGY	: Would you mind giving her a message for me? But not until after I've gone.	Would you mind ⊙
ERNIE	: Glad to.	glad to ⊙
PIGGY	: Tell her… tell her that I had no choice in the matter. That what I did, I had to do, and all that sort of rot, you know?	have no choice （〜する以外に）道がない, 選択肢がない in the matter その件に関して That what I…to do ⊙ sort of ⊙ rot くだらないこと She'll understand if… my wife ⊙
	: She'll understand if she knew my wife.	
	: And tell her… tell her I know that money means nothing to her.	means nothing to her ⊙
	: But I'll make it up to her someday. Somehow.	make up 埋め合わせをする someday いつか, そのうち somehow どうにかして, 何らかの形で
ERNIE	: I'll tell her.	
PIGGY	: Oh, thanks awfully, old boy. Well, toodle-oo.	awfully ⊙
	: It'll be a great favor. By George, a great favor.	great favor 恩情, はからい, 特別な好意
ESMOND	: All right, Malone, take me to see this young lady.	take someone to do 〜しに（人）を連れて行く
ERNIE	: Yes, sir.	

ピギー	:	あなたは船の乗客じゃないか？
アーニー	:	はい。
ピギー	:	そうだろうと思った。
	:	まあ、ちょっと冗談を言っていただけだ。もちろん私はビークマンだよ。
アーニー	:	本当に？
ピギー	:	ああ、正真正銘のだ。
	:	飛行機が1時間で出発する。ミス・リーの居場所を知っているかい？
アーニー	:	恐らく。
ピギー	:	彼女に伝言していただけないか？ ただし私が発ってからだ。
アーニー	:	喜んで。
ピギー	:	彼女に… 彼女に、やむを得なかったと伝えてくれ。私がしたことは、そうするしかなかったし、その類のくだらないことなんだとな、分かるか？
	:	私の妻を知っていれば、彼女も理解してくれるだろう。
	:	そして彼女に… 彼女にとってお金は全く重要ではないことは分かっていると伝えてくれ。
	:	でも、いつか埋め合わせはする。どうにかして。
アーニー	:	彼女に伝えます。
ピギー	:	おお、どうもありがとう、男性よ。さて、さようなら。
	:	どうも御親切に。いやはや、世話になるね。
エズモンド	:	さあ、マローン、私を例の女性に会いに連れて行っておくれ。
アーニー	:	かりこまりました。

■ chap
= person; man
■ You're sure?
= Are you sure?
「本当ですか？確かですか？」と確かめる表現。
■ rather
間投詞として使われており、反語的に強く肯定して「そうだとも」と答えている。
ex. Do you like spicy food? - Rather!
(「辛い食べ物はお好きですか？」-「好きどころか、大好きです」)
■ Would you mind?
「〜していただけませんか」という意味。mind は「〜を嫌だと思う、気にする」という意味で、後には giving や doing のように動名詞「〜すること」が続く。〜 ing の直前に意味上の主語である your が省略されているため、直訳では「(あなたは)〜することをあなたは嫌だと思いますか」となる。Do you mind 〜 ing?「〜してくれませんか」より丁寧な依頼表現である。
■ glad to
= (I will be) glad to do so.
「喜んでそうします」と、快く引き受けるときの表現。
■ That what I did, I had to do
= (Tell her) that the thing which I did was something I had to do.
■ sort of
「〜のようなもの、一種の、いわば」のように、断定できない場合や、適当な言葉が見つからない場合に言葉をぼかすために用いられる。
■ She'll understand if...my wife
「if she knew my wife」には動詞の過去形、つまり仮定法過去が使われており、「(彼女は私の妻を知らないが、)もし知っているならば」と、現在の事実に反する仮定を表している。通常は would や could を用いて、「She would understand」とし、「彼女は理解するだろうに(実際には、私の妻を知らないので理解できない)」となるが、ここでは She'll (= She will) というイレギュラーな仮定法が使われている。
■ means nothing to her
「mean 〜 to (人)」で、「(人にとって)〜の重要性を持つ」という意味。ここでは nothing が使われており、「彼女にとって何の価値もない」となる。ちなみに「mean everything to (人)」では「〜にとって重要な」という意味。
ex. Fame means everything to them.
(彼らにとって名声は何より重要だ)
■ awfully
「とても、ひどく」の意味。very の砕けた表現。

Court Cabaret

26 *INT. COURT – NIGHT – The PROSECUTOR explains the case to the JUDGE.*

court	法廷, 裁判所 ○
prosecutor	検事 ○
case	訴訟
judge	裁判官

以下の明朝体はフランス語(本欄は英語訳)

PROSECUTOR: Représenté ici dignement et si honorablement par monsieur le Président, y met un terme par un châtiment exemplaire.

This court represents the dignity and honor, and is to hand down an exemplary punishment.

JUDGE : Faites entrer l'accusé.

Let the accused enter.

BAILIFF : Faites entrer, mademoiselle Lee.

Come in, Miss Lee.

bailiff 廷吏, 執行吏 ○

GENDARME: Mademoiselle Lorelei Lee.

Miss Lorelei Lee.

BAILIFF : Mademoiselle Lee. Jerez de dire la vérité, toute la vérité, rien que la vérité.

Miss Lee. Swear to say the truth, the whole truth, and nothing but the truth.

JUDGE : You will please swear, Miss Lee.

swear ○

DOROTHY: Oh, judge, I never swear.

never 決して〜ない

JUDGE : You've been asked to swear to tell the truth; the whole truth, nothing but the truth.

: Will you do that?

have been asked to do 〜することを求められた
whole truth 偽りのない真実
nothing but 〜 〜だけ, 〜のみ

DOROTHY: Well, yeah. Thank you ever so.

JUDGE : Sit down, mademoiselle.

JUDGE : Mademoiselle Lee, I have been requested to hold you for trial for a charge of grand larceny.

request 〜を依頼, 要請する
hold とどめておく ○
trial 裁判 ○
charge 容疑, 罪, 告発 ○
grand larceny 重窃盗罪 ○

152

Gentlemen Prefer Blondes

法廷キャバレー

DVD　01 : 18 : 40
□□□□□□

屋内−法廷−夜−検事が裁判官に主張の論拠を説明する。

検事　　：当法廷は名誉と権威を象徴し、厳しい裁きを下すものです。

裁判官　：被告をここへ。
廷吏　　：ミス・リーを。
警察官　：ローレライ・リーさん。

廷吏　　：リーさん。真実を、あらゆる真実を、真実のみ述べることを誓いなさい。

裁判官　：誓いを立てて、リーさん。
ドロシー：まあ、判事さん、私は絶対に罵らないわ。
裁判官　：真実を語ると誓うよう求められたのです。偽りのない真実、真実のみを語ることを。

　　　　　　：誓いますか？
ドロシー：まあ、うん。どうもありがとう。
裁判官　：座ってください、お嬢さん。

裁判官　：リーさん、私は重窃盗罪容疑の裁判のためにあなたをとどめておくよう要請されています。

■ court
裁判所を指す最も一般的な語。建物自体を指すときは courthouse という。family court（家庭裁判所）、district court（地方裁判所）、high court（高等裁判所）、the Supreme Court（最高裁判所）などがあるが、名称と位置づけは国によって多少異なる。
■ prosecutor
検察官の意。動詞 prosecute は「起訴する、訴訟を起こす、(検察官が) 起訴状を述べる」という意味である。
■ bailiff
法廷の雑務を担当する人。法廷内の秩序を守ることや、被告が不適切な行動を起こした際に対処することも役割としている。

■ swear
swear には二つの意味があり、廷吏が言っているのは「誓う」の意味だが、ローレライに扮したドロシーは「罵る」の意味で捉えてしまう。
■ hold
「とどめておく」という意味だが、他にも「(手に) 持つ、(手・腕などを) つかむ、保持する」などの意味がある。
ex. The baby can hold a pen firmly.（その赤ちゃんはペンをしっかりと握ることができる）The man held me by the arm.（その男は私の腕を捕まえた）
■ trial
court が裁判所という場所も含意するのに対し、trial は裁判そのもの、審議や裁判のプロセスを指す言葉である。
■ charge
ここでは「容疑、罪、告発」の意味だが、他にも「請求金額、充電」などの意味がある。
■ grand larceny
grand には「壮大な、盛大な、最も重大な」などの意味があり、程度が甚だしいことを表す。larceny は「誰かから何かを不当に取る行為」を意味し、類語には theft; stealing; robbery などがある。

153

JUDGE : The complainant attests that you have stolen a, how do you say, headpiece of diamond, a tiara?

DOROTHY : My goodness, judge, a girl needs a little time to think. You're so much more intelligent than poor little me.

: Won't you tell me what I ought to say?

JUDGE : Please to answer the charge, Miss Lee.

DOROTHY : Yes, Judge, I was going to.

DOROTHY : I was just thinking.

: Well, it was all a terrible misunderstanding.

: You see, Judge, sometimes life is very hard for a girl like I. Especially if she happens to be pretty like I and have blonde hair.

JUDGE : We can do without the philosophy. We have interest in the facts only.

PROSECUTOR : Monsieur le Président. Qu'il plaise au tribunal.

: Monsieur Pritchard is a little confused, and would like to bring up a question.

JUDGE : I can hardly blame him. What is the question?

PROSECUTOR : Monsieur Pritchard doesn't see very well, and would like to look at Mademoiselle Lee more closely.

JUDGE : Yes, permission granted.

PRITCHARD : Now, Miss Lee. I should like to ask…

DOROTHY : Why, Mr. Pritchard, how nice to see you!

PRITCHARD : Yes, Miss Lee…

: You are Miss Lee, aren't you?

DOROTHY : That's just who I am, all right.

: But my friends call me Lorelei.

Gentlemen Prefer Blondes

裁判官	：原告はあなたが盗んだと証言しています、何というんだ、ダイヤの頭飾りを、ティアラか？	■ complainant ⇔ defendant（被告）, the accused（刑事上の被告）
ドロシー	：何てこと、判事さん、女の子は少し考える時間が必要よ。あなたはかわいそうな私よりもずっと賢いの。	■ how do you say 言いたい単語が出てこないときや表現の仕方が分からないとき等に使えるフレーズ。 ex. Oh, my gosh. How do you say "time" in German? I learned it yesterday, but I can't remember. It's on the tip of my tongue.（参ったなあ。「時間」はドイツ語でどう言うのかな。昨日学んだのに、思い出せないや。のどまで出かかっているのだけど）
	：何て言うべきか良いか教えて下さらない？	
裁判官	：容疑に答弁してください、リーさん。	
ドロシー	：ええ、判事さん、そうしようとしていたの。	■ a girl 一人称のIを使う代わりに、a girlと婉曲にすることで、主張が穏やかに聞こえるようにし、角を立たせない効果がある。また、次に続くの文のように、判事と「女の子」との対比を明らかにし、情に訴えて甘えようとしている。
ドロシー	：ちょっと考えていたの。	
	：ええと、それは全てひどい誤解だったのよ。	
	：あのね、判事さん、時に人生は私のような女の子にとってとても厳しいの。特に私のように可愛くて、図らずも金髪の場合はね。	
裁判官	：我々は哲学はなくても良い。事実にだけ関心があるのだ。	
検事	：裁判長。法を代表するお方。	■ hardly = barely; scarcely 「ほとんど〜ない、とても〜ない」という意味で、notより弱い否定を表す。 ex. I can hardly see it.（ほとんど見えない）
	：プリチャードさんが少し困惑して、疑問を提起したいようです。	■ permission granted = permission is granted permissionは「許可」、grantは「聞き入れる」だから、「許可が聞き入れられる」が直訳。ちなみに、反対の「却下する」には ignore; overrule; reject; disallow; dismissなどがある。
裁判官	：ごもっともなことです。その疑問は何でしょうか？	
検事	：プリチャードさんは目があまり良くないので、リーさんをもっと近くでみたいようです。	■ should like to = would like to 「（許されるなら）〜したいのですが」という控えめな表現。
裁判官	：はい、許可します。	■ Why, 「もちろん」と、承諾を示すこともあるが、ここでは「あら、まあ」という意味で、驚きを表す。
プリチャード	：さて、リーさん。お尋ねしたいのですが…	
ドロシー	：あら、プリチャードさん、お会いできて嬉しいわ！	■ You are Miss Lee, aren't you? 「あなたはリーさんですよね」の意味。肯定文にaren't you? がついた付加疑問文で、「〜ですね」と念を押している。法廷ではドロシーがローレライに扮しているため、困惑したプリチャードが確認をしている。
プリチャード	：ああ、リーさん…	
	：あなたはリーさんですな。	
ドロシー	：そうよ、確かに。	
	：でも友達は私をローレライと呼ぶわ。	

DOROTHY: I do hope you're my friend because I just love to have handsome gentlemen be my friends.

have A do ⊙

PRITCHARD: Well, my eyes are not what they might be...

what ～ might be　～がどういうものなのか

DOROTHY: Have you ever heard me sing?

hear someone do ⊙

PRITCHARD: No.

DOROTHY: Are you sure?

PRITCHARD: Oh, I've not had the pleasure.

I've not had the pleasure ⊙

DOROTHY: Why, thank you ever so!

27 *Dorothy stands up and lets her fur coat fall to the floor. She starts singing and dancing to the surprise of everyone.*

fur coat　毛皮のコート

to the surprise of A ⊙

DOROTHY: A kiss on the hand
May be quite continental
But diamonds are a girl's best friend
A kiss may be grand
But it won't pay the rental
On your humble flat
Or help you at the automat
Men grow cold as girls grow old
And we all lose our charms in the end

JUDGE　: Cease that! Stop it! Stop this nonsense!

cease ⊙
nonsense　ばかげたこと ⊙

DOROTHY: Square-cut or pear-shaped
These rocks don't lose their shape
Diamonds are a girl's best friend

JUDGE　: This is not a cabaret, mademoiselle!

cabaret ⊙

DOROTHY: Tiffany's!

DOROTHY: Cartier!

DOROTHY: Black, Starr, Frost, Gorham
Talk to me, Harry Winston
Talk to me

Gentlemen Prefer Blondes

ドロシー　：あなたが私の友達だと良いのですが。ハンサムな紳士に友達になってもらうのがとても好きだから。

プリチャード：えーと、目が思うようでないので…

ドロシー　：あなたは私が歌うのを聞いたことがあるかしら？

プリチャード：いいや。

ドロシー　：本当に？

プリチャード：ああ、機会がなくてね。

ドロシー　：あら、どうもありがとう！

ドロシーは立ち上がり、毛皮のコートを床に落とす。誰もが驚いたことに、彼女は歌とダンスを始める。

ドロシー　：手へのキスは
　　　　　　　とてもヨーロッパ風かも知れない
　　　　　　　でもダイヤモンドは
　　　　　　　女の子の一番の友
　　　　　　　キスは楽しいかも知れない
　　　　　　　でもそれでは賃貸料は払えない
　　　　　　　あなたの粗末な家の
　　　　　　　自動販売式食堂でも助けてくれない
　　　　　　　女が老いると男は冷たくなる
　　　　　　　そして私たちは皆最後には魅力をなくしてしまう

裁判官　：よせ！　やめろ！　ばかげたことはやめろ！

ドロシー　：正方形にカットされても洋ナシ型でも
　　　　　　　石はその形を失わない
　　　　　　　ダイヤモンドは女の子の一番の友

裁判官　：これはキャバレーではない、お嬢さん！

ドロシー　：ティファニー！

ドロシー　：カルティエ！

ドロシー　：ブラック、スター、フロスト、ゴーラム
　　　　　　　私に話して、ハリー・ウィンストン
　　　　　　　私に話して

■ have A do
「Aに〜してもらう、Aを〜させる」の意味。このhaveは使役動詞である。
ex. I will have my son drive me to the station.（息子に駅まで車で送ってもらうつもりよ）

■ hear someone do
（人）が〜するのを聞く。
ex. He must have heard you scream last night.（彼は昨夜あなたが叫ぶのを聞いたはずだ）

■ I've not had the pleasure
pleasureは「喜び」の意味。I've はI haveの短縮形で、これまでの経験を表す。つまり、その喜びを経験したことがないので、「機会がなかった」という意味。

■ to the surprise of A
= to one's surprise
「Aが驚いたことに」という意味。
cf. To everyone's surprise, it snowed for five whole days in April.（誰もが驚いたことに、4月に丸5日間雪が降った）
surprise = astonishment

■ cease
= stop; finish; end; conclude
「〜をやめる、よす、中止する」の意味。
ex. I couldn't sleep until that terrible noise ceased.（あの騒音がやむまで眠れなかった）

■ nonsense
「ばかげたこと」の他に、「無意味な言葉、不愉快な言動、無駄なこと」などの意味がある。
ex. Don't talk nonsense.（くだらないことを話すな）

■ cabaret
「キャバレー」という、音楽やダンスなどのショーが楽しめるレストランのことである。営業は通例夜であり、nightclubと似ている。

157

JUDGE	: Did you hear me? Stop her!	
	: Take her to the witness stand!	witness ⊙ stand ⊙ Yahoo ⊙
DOROTHY	: Yahoo!	
JUDGE	: The rest of you take your places.	take one's places 所定の位置につく
JUDGE	: You are fired!	fire 解雇する, 首にする ⊙
ESMOND	: How could my son get mixed up with that type of girl?	get mixed up with (人)と関わり合いを持つ 以下の明朝体はフランス語(本欄は英語訳) Sit down.
GENDARME	: Asseyez-vous.	

28 *In frustration, the Judge bangs the gavel on his desk.*

in frustration 業を煮やして, イライラして
bang (バンと音を立てて)〜を打つ, たたく
gavel 小槌 ⊙
dispense justice 正義を施す

JUDGE	: Now, young lady, we're here to dispense justice.	
	: Not to watch a cabaret show.	
	: You understand me?	You understand me? ⊙
DOROTHY	: Yes, judge.	
JUDGE	: All right.	
	: Did you or did you not steal the diamond tiara?	
DOROTHY	: Oh, no, sir. I did not steal it.	
	: The fact is, Lady Beekman's husband gave it to me.	the fact is 実は
ERNIE	: Your Honor! I'd like to give some information.	Your Honor ⊙ information 情報
	: The defendant here is not...	defendant 被告人
BAILIFF	: Silence, silence!	Silence, silence! ⊙
JUDGE	: Shhhh! Sit!	Shhhh シッ(静かに)
	: You have evidence that affects this case?	evidence 証拠 affect 〜に影響を及ぼす
ERNIE	: Yes, sir, I have.	
JUDGE	: Well, by all means.	by all means ぜひどうぞ ⊙
DOROTHY	: Your Honor, before he talks, could I explain something?	

Gentlemen Prefer Blondes

裁判官	：私の声が聞こえたか？　彼女を止めろ！
	：彼女を証人席へ着かせろ！
ドロシー	：ヤフー！
裁判官	：残りの者は自分の定位置につけ。
裁判官	：お前はクビだ！
エズモンド	：どうして息子はあんなタイプの女と関わりあいを持ったんだ？
警察官	：お座りください。

業を煮やして、裁判官が机に小槌を打つ。

裁判官	：さあ、お嬢さん、我々は正義を行使するためにここにいるのだ。
	：キャバレーショーを見るためではない。
	：私の言うことが分かるね？
ドロシー	：はい、判事さん。
裁判官	：よろしい。
	：あなたはダイヤモンドティアラを盗みましたか、盗んでいませんか？
ドロシー	：あら、嫌だ。私は盗んでいませんわ。
	：事実、ビークマン夫人の夫が私に下さったの。
アーニー	：裁判長！少し情報を提供したいのですが。
	：ここにいる被告人は…
廷吏	：静粛に、静粛に！
裁判官	：シーッ！　座りたまえ！
	：この訴訟に影響を及ぼす証拠をお持ちなのですか？
アーニー	：はい、持っています。
裁判官	：さあ、どうぞ。
ドロシー	：裁判長、彼が話す前に、少し説明させていただけますか？

■ witness
= observer; spectator; watcher
「証人、目撃者、参考人、立会人」
ex. That young man is a witness for the defense.（あの若い男は弁護人側の証人だ）

■ stand
= counter; stall; booth
「(人の)立つ場所、(商品の)売り場[台]」
stand のみでも法律用語の「証人台」という意味があり、witness stand も同義語である。
ex. He bought an apple from a fruit stand.（彼は屋台でりんごをひとつ買った）

■ Yahoo!
= an exclamation of joy
喜びを表す感嘆詞。
ex. Yahoo! We won again!（わーい！また勝ったぞ！）

■ fire
= get rid of; give someone the ax; discard
「（従業員・使用人などを）お払い箱にする、首にする、解雇する」
ex. He was fired without any previous notice.（彼は何の事前通知も無く解雇された）

■ gavel
英語での意味は a small mallet used by a presiding officer or a judge（議長や裁判官によって使用される小さな槌）とされる。海外の法廷では、開廷や閉廷を宣言したり、出廷者などに不規則な発言を慎むよう求めたりする際に叩かれることがある。

■ You understand me?
= Do you understand me?

■ Your Honor
「裁判官、裁判長」という呼び掛け。発言の中で言及するときは His (Her) Honor となる。(p.164 参照)

■ Silence!
本作では仏語として発話されているが、英語でも使われる（発音 [sáiləns]）。「静かにして！」という意味。静かにしてほしいときの丁寧な表現。

■ by all means
直訳すると、「あらゆる手段により」つまり、「何としてでも」だが、「ぜひどうぞ、もちろんだとも、必ず」という意味を表す。相手の問いかけに対して「その通りです」と答えるときに使われ、certainly より強調された意味を持つ。

159

JUDGE	: Go ahead, Miss Lee.	Go ahead ◊
DOROTHY	: Well, I have a friend named Dorothy, and she's a really good friend.	named 〜という名の
	: And Dorothy knows that I would never do anything that was really wrong.	
JUDGE	: Miss Lee, do you have to say this?	have to do ◊
DOROTHY	: Oh, yes, sir. I do.	
	: There's a certain young man that Dorothy likes.	certain ある, 特定の
	: In fact, she's very fond of him.	in fact 実のところ be fond of 〜が好き ◊
	: And Dorothy would never speak to this man again if he ever did anything to hurt me, Lorelei.	Dorothy would never...me, Lorelei ◊
	: So I think this young man had just better know that, well... well...	had better do 〜した方が身のためだ
	: Dorothy thinks she's in love with him.	in love with 〜に恋して
ERNIE	: Mr. Esmond, I resign.	resign ◊
ESMOND	: What?	
ERNIE	: I just quit the case. You don't owe me a dime.	quit （仕事・活動などを完了せずに）やめる owe A B ◊ dime ◊
ESMOND	: What's got into you?	What's got into you ◊
	: Are you out of your mind?	out of one's mind 頭がおかしい, 気が狂って
ERNIE	: Hm, mm. But I like it that way.	that way その方が
	: Judge, I've changed my mind.	change one's mind 気が変わる, 考えが変わる
JUDGE	: What?	
ERNIE	: I haven't anything to say.	I haven't anything to say ◊
JUDGE	: Oh, this becomes more and more confusing.	more and more ますます confusing 混乱させるような, ややこしい
	: But the solution is simple.	solution 解決策
	: My decision is this:	decision （裁判官などの）判決, 裁決
	: The property in question will be placed in custody of this court until its rightful owner can be established by an affidavit from Lord Beekman himself.	property 所有物, 財産 in question 問題になっている be placed in custody of 〜に引き取られる, 〜の管理下に置かれる rightful owner 正当な持ち主 establish はっきりさせる, 証明する affidavit 宣誓供述書
	: Now, Miss Lee, you will give me the tiara.	

Gentlemen Prefer Blondes

裁判官	: どうぞ、リーさん。
ドロシー	: えーと、私にはドロシーという名の友達がいて、彼女はとてもいい友達なの。
	: そしてドロシーは知っているわ、絶対に私が本当に悪いことを何もしないと。
裁判官	: リーさん、それを言わなくてはなりませんか？
ドロシー	: ええ、そうです。言わなくてはならないわ。
	: ドロシーが好きな、ある若い男性がいるのです。
	: 実のところ、彼女は彼がとても好きなの。
	: そしてドロシーはこの男性には二度と話しかけないでしょうね、もし彼が何か、私、ローレライを傷つけるようなことをしたら。
	: だから私はこの若い男性は、知っておいたほうが身のためだと思うの、えーと…、えーと…、
	: ドロシーは彼に恋しているようだということを。
アーニー	: エズモンドさん、私は辞めます。
エズモンド	: 何だって？
アーニー	: この訴訟はもうやめです。あなたは私にいくらの借りもない。
エズモンド	: どういう風の吹き回しなんだ？
	: 頭がおかしいんじゃないか？
アーニー	: ふーむ、うん。でも私はその方が好きなんだ。
	: 判事、私は気が変わりました。
裁判官	: 何と？
アーニー	: 何も言うことはありません。
裁判官	: おお、ますます複雑になるな。
	: でも、解決策は簡単だ。
	: 私の判決はこれだ。
	: 問題の物は、ビークマン卿自身からの宣誓供述書によって正当な持ち主がはっきりするまで、当法廷が引き取りましょう。
	: さあ、リーさん、ティアラを私にください。

■ Go ahead
「どうぞ」という意味の熟語。使用場面は、道を譲るときや二人で同時に話し始めたとき、電車などで座席を譲るときなど多岐にわたる。相手に許可を与える場合や促す場合に使える便利な表現である。

■ have to do
≒ must do
「しなければならない」という意味。

■ be fond of
「～が好きである」という意味。類義語のlike は、単に何かが好きであったり、誰かを好きであったりする場合に使われ、一時的な好みを表す。be fond of は like よりも口語的な表現で、継続的に好きだという状態を表し、好きな程度もより強い。ちなみに、love は「～が大好きだ」と訳されるように、好きな程度が一番強く、like very much の意味を持つ。

■ Dorothy would never...me, Lorelei.
「would never… if…did」は、「If + 主語 + 動詞の過去形…、主語 + would（should, could, might など）」を基本形とする、仮定法過去の表現である。動詞の過去形を使うことで、現在の事実に反することを仮定している。
ex. He would tell me if he knew, but he does not know anything about it.（彼は知っていたら私に教えてくれるのだが、そのことについては何も知らないのだ）

■ resign
= leave one's job; quit
「辞める」という意味。仕事や地位を自発的に離れるときに使う。

■ owe A B
「A（人）に B の借りがある」という意味。

■ dime
米国の「10 セント硬貨」だが、You don't owe me a dime. で「ほんのわずかの金額の借りもない」という意味合い。仕事を自発的に途中で辞めることを申し出ているので、報酬は全く要らないと伝えている。

■ What's got into you?
「どういう風の吹き回し？一体どうしたの？なんてことを！」という意味。相手の奇行などに対して使われる。get into は、何か悪いものが（人）に「取り付く、作用する」という意味で、話し言葉で使われる。

■ I haven't anything to say
= I don't have anything to say.
「言うべきことは何も持っていない」という意味。

161

DOROTHY	: But, Judge, I can't.	
JUDGE	: If you refuse, I must put you in prison.	refuse 拒む put someone in prison （人）を投獄する
DOROTHY	: Well, I don't refuse. I just haven't got it.	
	: It was stolen.	
ERNIE	: Your Honor, I think I know where that thing is, and I think I know who's got it.	
JUDGE	: Who are you, by the way?	by the way ところで
ERNIE	: I'm a private detective, Your Honor.	private detective 私立探偵
	: And if you'll give me a couple of policemen and wait about half an hour, I can bring that tiara back and settle this thing.	half an hour 半時間, 30分 settle 解決する, 終わらせる
JUDGE	: Anything would be better than this.	
	: Go with him.	以下の明朝体はフランス語（本欄は英語訳）
	: Accompagnez-le. Oui!	Accompany him. Yes!

INT. AIRPORT – NIGHT – Ernie points out Piggy to the GENDARMES.

point out ～に注目を向けさせる

ERNIE	: There he is.	
GENDARME 1:	Pardon, monsieur. Vous allez nous suivre.	Pardon, sir. You are going to follow us.
PIGGY	: What's that?	
GENDARME 1:	Vous allez nous suivre!	You are going to follow us!
PIGGY	: What's he saying?	
GENDARME 2:	Question d'arrêt monsieur, allez…	We'd like to question you, sir.
PIGGY	: Speak English! I don't speak French.	
	: This is outrageous!	outrageous けしからん, とんでもない
GENDARME 1:	Venez avec nous!	Come with us!
PIGGY	: I'm a British subject!	British subject 英国民
	: You'll hear about this.	You'll hear about this

INT. COURT – NIGHT – The gendarmes lead Piggy into the courtroom before the judge.

lead someone into
before 前に

ドロシー	: でも判事さん、私にはできません。	

■ put someone in prison
= send to prison/ jail; put in the slammer; get locked away; put behind bars

裁判官	: もしもあなたが拒否すると、私はあなたを投獄しなくてはならない。	
ドロシー	: ええと、拒否しないわ。ただ持っていないのよ。	
	: それは盗まれたの。	
アーニー	: 裁判長、私はあれがどこにあるか知っていますし、誰が持っているか知っています。	
裁判官	: ところで君は誰だね?	
アーニー	: 私は私立探偵です、裁判長。	

■ private detective
単に detective と言う場合は、通常「刑事 (detective policeman)」を意味する。

■ half an hour
直訳すると「一時間の半分」という意味。同じように、15分のことを quarter of an hour「一時間の4分の1」という言い方もできる。
また、hour を別の名詞に置き換え、「〜の半分」という表現をすることが出来る。
ex. half a mile(半マイル)

	: そしてもしも私に2〜3人の警官を下さって、30分ほどお待ちいただけるならば、あのティアラを持ちかえり、この件を解決できます。	
裁判官	: どんなものでもこれよりは良い。	
	: 彼と行きたまえ	
	: 彼に従って。はい!	

屋内 – 空港 – 夜 – アーニーは警察官の注目をピギーに向けさせる。

■ point out
「指摘する、(強調して) 説明する」という意味でもよく使われる。
ex. Let me point out the new features of our product. (我々の商品の新たな特徴をご説明させてください)

■ British subject
通常国籍をいう場合には形容詞として使うため不定冠詞は付かず、I'm British となるが、このように後ろに修飾される名詞が来る場合は、冠詞がつくことがある。subject は (君主国の) 国民という意味で、より一般的な国民という単語は citizen である。

アーニー	: 彼がいたぞ。	
警察官1	: すみません、あなた。ご同行願います。	
ピギー	: 何だ?	
警察官1	: ご同行願います!	
ピギー	: 彼は何と言っているのだ?	
警察官2	: お伺いしたいことがあります。さあ…	
ピギー	: 英語を話せ! 私はフランス語を話せない。	
	: こんなのはけしからん!	
警察官1	: 我々とお越し下さい!	
ピギー	: 私は英国民だ!	
	: お前たちのことを上に報告したら、困ったことになるぞ。	

■ You'll hear about this.
= I'm going to tell your boss what you are doing and you are going to be in trouble.

■ lead someone into
「(人) を〜に連れて行く」の意。lead は先頭にたつ、導くという意味で、to/ into のあとは、具体的な場所だけでなく、状況や結末などを表す語句を入れても良い。
ex. Poverty can lead a country into a war. (貧困は国を戦争に追い込みうる)

■ before
= in front of
時間的な「〜の前に」だけでなく、このように位置的な意味としても使える。
ex. She couldn't lie before her father. (彼女は父を前にして嘘はつけなかった)

屋内 – 法廷 – 夜 – 警察官たちがピギーを法廷の裁判官の前に導く。

PIGGY	: This is positively outrageous!	positively 全く
	: Your Honor, I demand a lawyer.	demand ～を要求する ↻
JUDGE	: Qu'il se découvre.	Let me see your face.
GENDARME 2:	Découvrez-vous! Enlevez votre chapeau.	Uncover yourself! Take off your hat.
PIGGY	: What did you say?	
PRITCHARD:	Good evening, Your Lordship.	Your Lordship ↻
PIGGY	: Pritchard!	
PRITCHARD:	The policeman wants you to remove your hat.	remove ↻
PIGGY	: Well, why doesn't he say so?	
	: What are you doing? Send for the British consulate.	send for ～を呼びに行かせる consulate 領事館
ERNIE	: In the meantime, I'll take this.	in the meantime そうこうしているうちに, その間に ↻
PIGGY	: Hey, give that back. That's…	
ERNIE	: In just a second.	in a second すぐに
	: Your Honor, this is Sir Francis Beekman.	
	: And this, I believe, is the missing tiara.	I believe ↻ missing 紛失中の, 行方不明の
PIGGY	: That's private property!	property ↻
ERNIE	: I'm sure Miss Lee will be glad to return it.	I'm sure きっと～に違いない, もちろん～ですよね glad 喜んで～する
DOROTHY:	I certainly would.	certainly 確実に, 必ず
ERNIE	: But before that happens, I believe His Honor asked Miss Lee to give him the tiara.	
JUDGE	: I did.	
PIGGY	: I say, that isn't Miss...	
ERNIE	: I wouldn't go into that, if I were you, Mr. Finch.	not go into ～には触れない if I were you ↻ Finch ↻
PIGGY	: Finch?	
ERNIE	: Miss Lee.	
DOROTHY:	Thank you.	
DOROTHY:	Your Honor.	
JUDGE	: Thank you.	
	: Maître Gauthier.	Mr. Gauthier.
PROSECUTOR:	Thank you.	

ピギー	:	これは全くひど過ぎる！
	:	裁判長、弁護士を要求します。
裁判官	:	顔をはっきり見せるように。
警察官2	:	顔を見せて！ 帽子を脱いでください。
ピギー	:	何と言った？
プリチャード	:	こんばんは、閣下。
ピギー	:	プリチャード！
プリチャード	:	警察官は、あなたに帽子を脱いで欲しがっている。
ピギー	:	やれやれ、どうして彼はそう言わないんだ？
	:	君は何をしておる？ 英国領事館に連絡しろ。
アーニー	:	そうこうしているうちに、私はこれをいただく。
ピギー	:	おい、返せよ。それは…
アーニー	:	すぐに。
	:	裁判長、こちらはフランシス・ビークマンさんです。
	:	そしてこれが、私が信じるに、紛失中のティアラです。
ピギー	:	それは私物だ！
アーニー	:	きっとリーさんは喜んでそれを返すに違いない。
ドロシー	:	もちろんですわ。
アーニー	:	でもその前に、裁判長はリーさんが彼にティアラをあげるよう頼んだと思います。
裁判官	:	頼みました。
ピギー	:	ちょっと、それはリーさんでは…
アーニー	:	私がもしあなたなら、フィンチさん、それには触れないのだがね。
ピギー	:	フィンチだと？
アーニー	:	リーさん。
ドロシー	:	ありがとう。
ドロシー	:	裁判長。
裁判官	:	ありがとう。
	:	ゴチエ検察官。
検事	:	ありがとう。

■ demand
とても強く要求するという意味。request は正式な要求。ask for はより一般的で依頼に近く、主張する感じはないなど、同じ意味でもそれぞれ要求の強さが異なる。

■ Your Lordship
「閣下」の意味だが、lord は侯爵や伯爵の名前の前に付けて「卿」を表す。また、戯言的に普通の人にもいう。

■ remove
= take off
「脱ぐ」という意味。

■ in the meantime
= meanwhile
ex. My family won't be home by five. In the meantime let's watch a movie. (家族は5時まで帰って来ないので、その間映画を観ようよ)

■ I believe
「私が思うに、私には確証があるが」という意味で、文中に差し込んで使う。議論やスピーチでも使える。
ex. This revolutionary discovery, I believe, will change the world. (この画期的な発見は、必ず、世界を変えますよ)

■ property
「所有物、(所有されている) 財産、資産」という意味で、ティアラのような貴重品を含む物。類義語の asset は「財産、資産」という property と似た意味に加え、「有用な人、もの」という意味も持つ。ちなみに、持ち運びができ、日常的に使うのは、「所持品、身の回りの物」という意味の belongings である。

■ if I were you
「もし私があなただったら」と、現実の事実に反する事柄を仮定する用法で、仮定法過去と呼ばれる。この場合、過去形の be 動詞は、主語に関係なく were が使われるのが一般的である。
ex. I wouldn't mention anything to her if I were you. (私があなたなら、彼女には何も言わないね)

■ Finch
p.148～p.151の空港のシーンで、ピギーは最初「エイモス・フィンチ」と名乗っていたが、最終的には自分の正体を認め、ローレライへの伝言をアーニーに託した。ピギーが状況に応じて自分に都合の良い話をしようとするため、アーニーが空港でのやりとりを思い出させるために、「フィンチ」の名をここで出した。

PROSECUTOR: Monsieur Pritchard.
PRITCHARD: Thank you.

PRITCHARD: Your Lordship.
PIGGY　　 : Thank you.
JUDGE　　: Case dismissed!

Mr. Pritchard.

Case dismissed ⟳
dismiss　免訴する

ティアラの歴史

　華やかなシーンが満載のこの映画で、ひときわ輝くダイヤモンドのティアラ。ローレライが一目惚れし、ビークマン卿夫人に返した後も余韻に浸るシーンは、共感できる方も多いのではないだろうか。後に、その所有権を巡って裁判沙汰へと発展することになるティアラは、彼女たちを虜にする遥か以前から、世界中で重要な役割を担ってきた。

　ティアラの歴史は紀元前にまで遡り、古代エジプトで、敬意を払うために死者の頭上に冠を載せて埋葬したのが始まりと言われている。西アジアでは、アッシリア王が王専用のティアラを被る様子が浮彫に残っていたり、ペルシャの銀貨の王像に冠が見られたりすることから、権力との強い繋がりが伺える。また、今日のオリンピックなどで勝者に葉冠や花冠が贈られるのは、古代ギリシャの神話に出てくる月桂樹やオリーブといった聖樹が、特定の神々に捧げられていたことと深く関係しているようだ。そして、古代ローマでは、権威を示すために皇帝がティアラを着用していた。
そもそも、ティアラの語源は「ターバンのようなもの」を意味するギリシャ語の「τιάρα（ティアラ）」が、ラテン語の「ヘッドドレス（＝頭飾り、被り物）」を意味する「tiara」に転訛したもので、16世紀には「ペルシャ王や貴族のヘッドドレス」を意味したという。

検事	：プリチャードさん。
プリチャード	：ありがとう。
プリチャード	：閣下。
ピギー	：ありがとう。
裁判官	：訴訟は取り下げ！

■ Case dismissed
このフレーズは、証拠不十分などが理由で判決を下すこと無く、訴訟を棄却するときに使われる決まり文句。

　それが、現代のように、「女性が身に着ける、宝石で飾られた装飾用の冠」といった意味合いを持つに至ったのは、ある人物の影響からだ。

　様々なヘッドドレスの流行に伴い、暫くの間ティアラは姿を消していたが、19世紀初頭、ナポレオン一世の戴冠式で再登場した。当時の宮廷画家ダヴィッドの大作「ナポレオンの戴冠式」にまつわる話の興味深さもさることながら、100名を超す女性全員が豪華なティアラと共に描かれている様は印象的だろう。絵の中で、ナポレオン自身は金の月桂樹の冠を被り、皇后ジョゼフィーヌに戴冠しようとしている。彼はティアラが権威の象徴となることを信じて、人目を引くようにとダイヤモンドを使用し、公の場ではティアラを身に着けるよう宮廷の女性たちに命じたようだ。

　その影響で、イギリスにおけるヴィクトリア女王の戴冠式でも、女性貴族がティアラを着用したという。この頃から、ヨーロッパにおけるジュエリー文化が華やぎ、各国の王侯貴族の間では、古代のそれとは多少異なる、ティアラの人気が再燃した。

　20世紀に入り、着用シーンが次第に広がるのだが、思いのほか奥が深いティアラ。この映画のキーアイテムの一つとなるのも頷けるはずだ。

髙田　陽子

Not After Money?

29
INT. CHEZ LOUIS THEATER – NIGHT – Gus follows Lorelei out into the theater among the tables, baffled by her changing her mind

GUS	: But five minutes ago you said you would marry me.	
LORELEI	: That's before Dorothy phoned me.	
GUS	: But what on earth could she say to make you change your mind?	
LORELEI	: She just said everything's okay now.	
GUS	: But I don't quite understand...	
GUS	: Oh, dear.	
ESMOND	: Well.	
GUS	: Hello, Father.	
ESMOND	: Hello, son.	
GUS	: I know what you're here for, Father, and I don't care.	
	: I've made up my mind.	
	: I'm gonna make her marry me.	
ESMOND	: Well, bless your heart. That's wonderful.	
	: I presume this is the young lady?	
GUS	: Well, yes.	
ESMOND	: Such a pretty little girl. American?	
LORELEI	: Yes, except on my father and mother's side.	
	: They're Irish.	
ESMOND	: Believe me, son. I'm delighted about this.	

Vocabulary notes:
- after ～を欲しがって，～に下心を持って
- follow ～の後について行く
- among the tables ◎
- baffled by ～に当惑する
- marry ～と結婚する
- phone 電話する
- on earth ◎
- make someone do （人）に～させる
- not quite understand ～がいまひとつよく分からない
- what you're here for ◎
- I don't care ◎
- bless your heart ◎
- presume 推測する，仮定する
- Such a pretty girl ◎
- American ◎
- except ～を除いては
- Irish アイルランド（人）の
- be delighted about ～に喜んでいる

Gentlemen Prefer Blondes

金目当てではない？

DVD 01:26:16

屋内－シェ・ルイ劇場－夜－ローレライの心変わりに当惑して、ガスはテーブルの間の客席へ彼女の後を追って出る。

ガス ：でも5分前、君は僕と結婚すると言ったじゃないか。

ローレライ ：それはドロシーが私に電話をくれる前よ。

ガス ：でも彼女は一体、どんなことを言って君の考えを変えたんだ？

ローレライ ：彼女はただ、今や何もかも大丈夫と言っただけよ。

ガス ：でも、僕は全く理解できない…

ガス ：やれやれ。

エズモンド ：おや。

ガス ：やあ、父さん。

エズモンド ：ああ、おまえか。

ガス ：何のために父さんがここにいるのか分かっているし、僕は気にしない。
：もう決心したんだ。
：彼女を僕と結婚させる。

エズモンド ：おやおや。それは素晴らしい。
：こちらが例のお嬢さんだな？

ガス ：ああ、そうだ。

エズモンド ：実に可愛らしい女の子だ。アメリカ人かね？

ローレライ ：ええ、私の両親の血統以外はね。

：彼らはアイルランド系なの。

エズモンド ：私を信じろ、おまえ。これについて私は嬉しい。

■ among the tables
among は、「～の間の」という意味の前置詞。基本的には、ものが3つ以上のときに使われ、2つのときには between が使われる。ここでは、テーブルが3つ以上あることが分かる。

■ on earth
「一体（全体）」という意味。疑問を強調する。
ex. Where on earth have you been?
（一体どこに行っていたんだ？）

■ what you're here for
「あなたが何のためにここにいるか」という意味。What for? というようにくっつくと、「何のために、何の目的で、なんで？」という意味。
■ I don't care
「構わない」という意味だが、否定的で強い表現であり、「（私には）関係ない、どうでも良い」というような突き放したニュアンスがある。より柔らかい表現は「I don't mind」で、「気にしない、差えない」という意味合いになる。ここでは、前者を用いることで、ガスの苛立ちを伝えている。
ex. I don't care what you say.（あんたが何といおうと関係ない）
cf. I don't mind if you stay here.（あなたがここにいても私は構いません）
■ bless your heart
「おやおや、しまった」という意味。驚きや怒りを表す。
■ Such a pretty girl.
= She is such a pretty girl.
■ American?
= Are you American?

169

ESMOND	: I've wanted to see you married for a long time.	see you married ⊘ for a long time 長い間
	: Anybody but that monster, Lorelei Lee.	but ～以外の, ～を除いて
GUS	: What?	
LORELEI	: But, Mr. Esmond, I am Lorelei Lee!	
ESMOND	: Pretty early in the game to start teasing your father-in-law.	pretty ずいぶんと, とても, かなり tease からかう father-in-law ⊘
GUS	: What's the matter with you, Father?	what's the matter with you どうかしましたか
ESMOND	: Nothing. I can take a joke.	take a joke 冗談を笑って済ます
GUS	: What joke? This is Lorelei.	
	: Father, this is not the sort of thing one would joke about.	
LORELEI	: I don't have my driver's license with me, but you can take my word for it. Honest.	driver's license 運転免許(証) take someone's word (人)の言うことを真に受ける, 信じる honest 正直な, 誠実な
LORELEI	: Look, that's I.	that's I ⊘
	: See my name?	see my name ⊘
ESMOND	: Oh... I'm too old for this sort of thing.	too あまりに～すぎる
GUS	: Father, I don't understand.	
ESMOND	: You don't understand?	
	: How do you think I feel with thousands of Lorelei Lees coming at me from everywhere?	thousands of 何千もの, 多数の Lorelei Lees ⊘ from everywhere 至る所から
	: But believe me, son, you're not going to marry any one of them!	
GUS	: Father, I love her. I love her very much.	
	: I've never had a feeling like this...	I've never had ⊘
ESMOND	: Oh, shut up! Young lady, you don't fool me one bit.	shut up ⊘ fool だます, 欺く not one bit 少しも～ない
LORELEI	: I'm not trying to.	I'm not trying to ⊘
	: But I bet I could though.	I bet I could though ⊘
ESMOND	: No, you might convince this jackass that you love him, but you'll never convince me.	convince 説得する, 納得させる jackass ⊘
LORELEI	: That's too bad. Because I do love him.	That's too bad それは残念だ

Gentlemen Prefer Blondes

エズモンド	:	私はおまえが結婚するのをずっと見たいと思ってきた。
	:	あのモンスター、ローレライ・リー以外の誰かとな。
ガス	:	何だって？
ローレライ	:	でも、エズモンドさん、私はローレライ・リーよ！
エズモンド	:	義理の父をからかい始めるには、かなり早いな。
ガス	:	どうかしたのか、父さん？
エズモンド	:	何もない。私は冗談は笑って済ませられる。
ガス	:	何の冗談？　こちらはローレライだよ。
	:	父さん、これは冗談を言うようなことではないんだ。
ローレライ	:	免許証は持ち合わせていないけれど、私の言うことを真に受けて下さって良いわ。本当に。
ローレライ	:	見て、あれが私。
	:	私の名前、見える？
エズモンド	:	おや…私はこういったことには年を取り過ぎている。
ガス	:	父さん、僕には理解できないよ。
エズモンド	:	お前は理解できないだと？
	:	何千人ものローレライ・リーが至る所から私に向かって来て、私がどのように感じていると思うんだ？
	:	でも、信じてくれ、おまえは彼女らの誰とも結婚しないんだ！
ガス	:	父さん、僕は彼女を愛している。とても愛しているんだ。
	:	今まで、こんな気持ちになったことはない…。
エズモンド	:	おい、黙れ！　お嬢さん、私を少しもだまさないでくれ。
ローレライ	:	そうしようとしている訳ではないわ。
	:	でも、だまそうと思えばだませるわ。
エズモンド	:	おー、君は彼を愛していると、この間抜けを説得するかも知れないが、私を説得することは決してないぞ。
ローレライ	:	それは残念だわ。だって私は本当に彼を愛しているのですから。

■ see you married
「see someone ＋ 補語」で「(人)が〜の状態であるのを見る」という意味。
ex. I can't stand to see you so sad. (君がそんなに悲しんでいるのを見ていられない)

■ father-in-law
直訳すると「法律上の父」だが、「義父、義理の父」という意味。舅の意で、継父は stepfather、養父は foster father である。
cf. mother-in-law (姑), sister-in-law (小姑)

■ that's I
文法上は「that's I」が正しいが、「that's me」の方がよく使われる。

■ see my name
= Do you see my name?

■ Lorelei Lees
「ローレライ・リー」は人名、つまり固有名詞であるため、通常は a や an などの冠詞がつかず、複数形になることもない。しかし、ここでは同一の固有名詞を持つとみられる人が多数いるという話の流れであるため、複数形になり、一般名詞化されている。
ex. There are five Satos in my class, so many teachers are confused. (私のクラスには5人の佐藤さんがいるので、多くの先生方が混乱している)

■ I've never had
= I have never had
「私は〜を持ったことは一度もない」という意味。

■ shut up
「黙れ！」という意味の命令文で、語気が強く乱暴な口論や罵倒の表現である。「Be quiet!」や「Silence!」にも「静かに！」という意味があるが、「Shut up!」ほど強くない。

■ I'm not trying to
= I'm not trying to fool you

■ I bet I could though
could は仮定法過去で、明示されていない条件節は If I tried to fool you である。実際にだます気はないので仮定法過去が使われている。この発言に、エズモンドは少しきにきた様子である。

■ jackass
動物の「雄ロバ」という意味から、ここでは「間抜け、のろま」という意味。

171

ESMOND	: Certainly. For his money.	
LORELEI	: No! Honestly.	
ESMOND	: Have you got the nerve to stand there and expect me to believe that you don't want to marry my son for his money?	Have you got...his money ◎
LORELEI	: It's true.	true 本当の, 真実の
ESMOND	: Then what do you want to marry him for?	what do ... marry him for ◎
LORELEI	: I want to marry him for your money.	
GUS	: There!	There ◎
	: Oh, Lorelei!	
LORELEI	: Don't you see, that's why we have to have his consent, silly.	Don't you see ◎ consent 同意, 承認 silly ばか者
ESMOND	: Well, at least we're getting down to brass tacks.	get down to brass tacks ◎
	: You admit that all you're after is money.	admit ～を認める
LORELEI	: No, I don't.	
	: Aren't you funny?	funny おかしな
	: Don't you know that a man being rich is like a girl being pretty?	being rich 金持ちになること
	: You might not marry a girl just because she's pretty.	
	: But, my goodness, doesn't it help?	help 役立つ, 助けになる
	: And if you had a daughter, wouldn't you rather she didn't marry a poor man?	wouldn't you rather ～した方がいいのでは poor 貧乏な, 金がない
ESMOND	: But I was…	
LORELEI	: You'd want her to have the most wonderful things in the world and to be very happy.	the most wonderful 最も素晴らしい
	: Oh, why is it wrong for me to want those things?	
ESMOND	: Well, I concede that...	concede 真実と認める
	: Say, they told me you were stupid.	they ◎ stupid 頭が悪い
	: You don't sound stupid to me.	sound stupid to me ◎
LORELEI	: I can be smart when it's important.	smart 賢い, 利口な ◎
	: But most men don't like it.	
	: Except Gus.	

エズモンド：確かに。彼のお金をな。
ローレライ：違うわ！　本当なの。
エズモンド：よくもまあそこに立って、君が金を目当てに息子と結婚したくないということを私が信じるのを期待できるものだ。
ローレライ：本当なのよ。
エズモンド：だったら君は何のために彼と結婚したいのだ？
ローレライ：私はあなたのお金のために彼と結婚したいの。
ガス：ほらね！
：ああ、ローレライ！
ローレライ：分からないの、だから私たちには彼の同意が要るのよ、おバカね。
エズモンド：さあ、ついに核心に移ってきたぞ。

：君が欲しがっているのはお金だけだと認めるな。
ローレライ：いいえ、認めないわ。
：あなた、おかしいんじゃないの？
：男が金持ちであることは、女が可愛いことのようなものだと知らないの？
：女の子がただ可愛いというだけでは、あなたは彼女と結婚しないかも知れない。
：でも、まあ、それも役に立たない？
：そして、もしあなたに娘がいたら、彼女が貧乏な男と結婚しない方がいいのでは？
エズモンド：でも、私は…
ローレライ：あなたは、彼女には世界で一番素晴らしい物を持って、とても幸せであって欲しいと思うわ。
：まあ、私がそれらを欲しがることが、どうして悪いのかしら？
エズモンド：ええと、確かにそうだが…
：ところで、君は頭が悪いと聞いた。
：私には、頭が悪いようには聞こえんな。
ローレライ：私は大事な時には賢くなれるの。
：でもたいていの男はそれを好まないわ。
：ガスを除いてね。

■ Have you got...his money?
have got = have
「have the nerve to」で「～する度胸がある、ずうずうしくも～する」という意味。ローレライの厚かましさに、エズモンドが少し頭にきた様子で発言している。
ex. I didn't have the nerve to tell my dad that I had failed the exam. (試験に落ちたなんて父さんにはとても言う度胸がなかったよ)

■ what do you want to marry him for
what for が「何のために、何の目的で」という意味であることから、「何のためにあなたは彼と結婚したいのか」と訳される。

■ There!
「そら！それ見ろ！」などと、勝利、満足、反抗等を表す間投詞。

■ Don't you see
「分からないのか、いいか」と、相手を促す表現。
ex. Use your head. Don't you see that he is telling you a lie? (頭を使えよ。彼が君に嘘をついているのが分からないのか)

■ get down to brass tacks
「(問題などの)核心に移る」という意味。brass tacks は「真ちゅう製の鋲」という意味の他に、「核心、事実」という意味を持つ。

■ they
総称的に一般の人を指して、「一般の人々、世人」という意味。漠然とした人々を指す主語で、日本語に訳さない方が良い場合が多い。
ex. They say it is one of the best places to live. (これは住むのに最も良い場所の一つだそうだ)

■ sound stupid to me
「sound ～ to (人)」で「(人)にとって～に聞こえる」という意味で、間には形容詞が入る。

■ smart
イギリス英語では clever が使われる。両者とも「(頭の回転が早く)利口である」の意味で、時にずる賢いことも表す。wise は堅い言い方で「(知識や経験が豊かで)賢明である」の意となり、intelligent は「知能が高く理解力がある」の意味。bright は「利用な、頭の回転が速い」の意味で、時に子供や若者について使われる。

LORELEI	: He's always been interested in my brains.	brains 頭脳
ESMOND	: No, no, that much of a fool he's not.	that much of a fool he's not ⊙
GUS	: Father, you've changed your mind?	
ESMOND	: I don't know, son. I just don't know what to tell you.	what to do すべきこと
LORELEI	: Daddy?	
BOTH	: Huh?	huh ⊙
LORELEI	: No, Daddy, not you. I guess I mean "Sonny."	Sonny 坊や ⊙
	: I'd like to spend about three minutes alone with your father.	spend (時間を)費やす alone with (人)と二人だけで
GUS	: Three minutes alone…	
LORELEI	: Run along, darling.	run along ⊙
GUS	: Yes, dear.	
LORELEI	: Now, Mr. Esmond, about what we were speaking.	
ESMOND	: Well, there's a great deal to consider.	a great deal 多量に ⊙ consider よく考える, 熟考する
	: I just can't answer….	

㉚ *INT. SHIP GRAND HALL – DAY – Upon hearing the wedding march, the guests and crew turn to the entrance. The ship's CAPTAIN gives instructions to Gus and Ernie, who are dressed in tuxedos.*

upon doing ⊙
wedding 結婚式, 婚礼
march 行進曲
crew 乗組員
turn to ～の方を向く
entrance 入り口
give instructions 指示を出す
dressed in ～を着ている, ～に身を包んでいる
tuxedo タキシード, 男子用礼服一式

CAPTAIN	: Please, take your places.	
DOROTHY	: Remember, honey, on your wedding day it's all right to say yes.	remember ～を記憶にとどめる, 念頭に置く it's alright to say yes ⊙
LORELEI	: We're just two little girls From Little Rock	
DOROTHY	: And we lived on the wrong side Of the tracks	
BOTH	: But at last we won the big crusade Looks like we finally made the grade	at last ついに, とうとう crusade 十字軍, 聖戦 finally ついに, とうとう make the grade 成功する, 目標に達する

174

ローレイ	：	彼はいつも私の頭脳に興味があるわ。
エズモンド	：	いやいや、彼はそんなに愚か者ではない。

■ that much of a fool he's not
= he's not that much of a fool

ガス	：	父さん、考えを変えたのかい？
エズモンド	：	分からんよ、おまえ。私には、おまえに何と言うべきか分からない。
ローレイ	：	パパ？
二人	：	はあ？

■ huh?
「ん？何だって？」という意味の間投詞。

■ "Sonny"
ローレイはエズモンドの息子ガスを「Daddy（パパ）」と呼んできたため、本当の父親の前でも、ガスに「パパ」と呼びかけてしまう。父親が混乱したため、父親と息子を区別して「sonny（坊や、君）」と言い直した。

ローレイ	：	いいえ、パパよ、あなたじゃない。「坊や」と言うのかしら。
	：	あなたのお父さんと二人だけで3分間ほど過ごしたいの。
ガス	：	3分間二人で…
ローレイ	：	向こうへ行ってちょうだい。
ガス	：	分かったよ。

■ run along
「立ち去る」という意味。主に命令形で、目上の立場からの指図として使われる。

ローレイ	：	さて、エズモンドさん、私たちが話していたことについてですが。
エズモンド	：	ああ、よく考えるべきことが多量にある。
	：	どうも答えられないな…

■ a great deal
= a large amount; a lot
「多くのこと」
ex. A great deal is known about the universe.（宇宙について多くのことが知られている）

屋内 - 船内の大広間 - 昼 - 結婚行進曲を聞いて、客と乗組員たちが入口の方を向く。船のキャプテンがタキシードを着たガスとアーニーに指示を出す。

■ upon doing
= on doing
「～すると（すぐ）」の意味。この用法のときは後ろに動名詞か動詞的な意味を含む名詞が続く。
ex. Upon arriving [her arrival] at the office, she knocked on the door.（事務所に着くと、彼女はドアをノックした）

キャプテン	：	どうぞ、所定の位置について。
ドロシー	：	覚えていてね、あなた、結婚式の日には、「はい」と言っていいのよ。

■ it's alright to say yes
ドロシーは "Diamonds are a girl's best friend" の中で「No」を連発するローレイをからかってこのように言っている。

■ crusade
「聖戦」という意味。Crusade と大文字で始めると、11世紀～13世紀に、ヨーロッパのキリスト教会がイスラム教徒から聖地を奪い返すために企てた数回の遠征軍である「十字軍」を指す。また、crusade は、ある考えを推進したり、ある目的に向かっていこうとしたりする一連の活動「改革運動、反対運動」を指すこともある。
ex. Many people joined a crusade against terrorism.（多くの人々がテロ撲滅運動に参加した）

ローレイ	：	私たち二人の女の子
		リトル・ロックから来たの
ドロシー	：	貧しい地域で
		育ってきたの
二人	：	でもついに私たちは大いなる聖戦に勝った
		私たちはついに成功したみたい

175

CHORUS : But square-cut or pear-shaped
　　　　　　These rocks don't lose their shape
　　　　　　Diamonds
　　　　　　Diamonds
　　　　　　Diamonds are a girl's best friend

"Diamonds Are a Girl's Best Friend"

　主題歌や劇中歌等の音楽が映画に与える影響は大きい。映画の名前を聞いて、ストーリーよりも出演者よりもまず先に音楽を思い浮かべる、という人も少なくない。この映画においても、ローレライとドロシーが時にセクシーに、時にユーモアたっぷりに、そして時にしっとりと歌い上げる歌がストーリーを盛り上げてくれている。

　私達を最も魅了する歌の一つは、マリリン・モンロー演じるローレライがパリのナイトクラブで歌う "Diamonds Are a Girl's Best Friend" であろう。作詞レオ・ロビン、作曲ジュール・スタインのこの歌は、1949年に上演されたミュージカルからそのまま引き継がれた歌の一つであり、その時のローレライ役であったキャロル・チャニングによって初めて歌われた。しかし、現在では、赤で彩られた豪華なステージで歌うモンローの姿がより印象的となり、モンローの代表曲の一つとして認識されている。この歌には2つの魅力がある。一つはモンローの劇中でのパフォーマンスである。鮮やかなピンクのドレスを着たローレライが、黒いスーツで正装した大勢の紳士に囲まれ、時に彼らをもて遊ぶかのように従えながら艶やかに歌う。ローレライが醸し出す男性を惹きつける妖艶さ、放ってはおけないと思わせるようなお茶目さや可愛らしさが彼女のパフォー

コーラス　：でも正方形にカットされても洋ナシ型でも
　　　　　　石はその形を失わない
　　　　　　ダイヤモンド
　　　　　　ダイヤモンド
　　　　　　ダイヤモンドは女の子の一番の友

マンスの中に多分に表れている。この鮮烈な歌唱場面は、他の映画でも再現されたり有名アーティストにカバーされているほどである。マドンナのミュージックビデオ『マテリアル・ガール』では、モンローに扮したマドンナが、あの場面と同じ真紅のステージ上でローレライと同じピンクの衣装を着て歌っている。

　2つ目の魅力は何といってもその歌詞である。『フランス人は喜んで恋のために死ぬ　決闘する中で喜ぶ　しかし私は高価な宝石に生き高価な宝石をくれる男が好き…（中略）…ダイヤモンドが女の一番の親友よ　キスも素敵かもしれないが　キスは家賃を払えない』ローレライの恋愛観そのものである。この「愛よりもお金が大事」という大抵は大きな声では言い難い恋愛観が、大胆且つコミカルにこの歌詞に表現されている。そして、チャーミングなローレライの踊りとセクシーな歌声により、男性にとっては耳の痛くなるような歌詞が何の嫌味もなくむしろ爽快に聞こえるのである。

　アメリカン・フィルム・インスティチュートという機関が2004年に発表した『アメリカ映画主題歌ベスト100』において、12位に名を連ねたこの歌。愛おしい表情で歌い踊るローレライの姿と大胆な歌詞が、この映画の見所の一つでもあることは間違いない。

　　　　　　　　　　　　　　　　　　　　　　　　　　柳　　美帆

この映画から覚えておきたい

| p. 28 | **Right on cue.** | 意味 | 良いタイミングで。 |

英文解析
cue には名詞で「何かを始める合図」という意味がある。on は前置詞で接触して上に乗っている状態を表し、on Sunday（日曜に）など、時の1点を示す際に用いられる。以上より on cue で「何かを始める合図のまさにその時点」を表す。また、right は副詞で「正確に、まったく」の意味があり、on cue を修飾している。

使用方法
話し手の期待する丁度その時に物事が起きた際に用いられる表現。例えば、タイミング良く人が到着した時や、物事が始まった時など。この表現は、Right on time という表現と似ているが、普通、望ましくないことが起きた時に用いられる。例) When the MC called for a toast, right on cue, Uncle Tom again shouted "margarine". (MCが乾杯の発声をした丁度のタイミングでトムおじさんは再び「マーガリン」と叫んだ。)

| p. 38 | **Make yourselves at home.** | 意味 | くつろいでね。 |

英文解析
「make + O + C」で「O を C の状態にする」という意味になる。この場合、at home は副詞句であるため、厳密には C にはなり得ないが、C の役割を果たしていると考えることができる。従って、yourself（あなた自身）を at home（家にいるようなくつろいだ状態）にするという意味合いになる。

使用方法
家に招待された客人に対して、招待した側が、自分の家であるかのようにリラックスして過ごすように伝えるために使用する表現である。パーティーや食事会のような短い期間から、ホームステイのような長い期間まで使用される。しばしば、Can I get you a drink？（ドリンクはいかがですか）などの言葉と共に用いられる。

| p. 38 | **What a coincidence!** | 意味 | なんて偶然なの！ |

英文解析
感嘆文の基本的な形は「What a（形容詞）＋名詞＋S＋V！」である。形容詞はある場合とない場合がある。もともとの形は What a coincidence it is!（この状況はなんて偶然の一致なんだ！）となる。S と V に相当する it is を省略した形がこの表現になる。同じ用法で他にも What a geek!（なんてださいやつ）など。

使用方法
話し手が、別の人がした言動と全く同じ事をしたり、同じ事を言ったりした時に驚きを表す表現。例) I just bought a new car.（新しい車を買ったばかりなんです）What a coincidence! So did I.（なんて偶然！私もです） いつも人の真似をしてばかりいる人が、同じ事を真似した時などに、皮肉的なトーンで使用されることもある。

| p. 48 | **Well, don't bother.** | 意味 | それは結構。 |

英文解析
don't bother には主語がないため、否定の命令文であり、「～してはいけない」の意味になる。bother は動詞で「（相手のじゃまをしたり、心配をかけて）相手の心を乱す」という意味である。この表現は「じゃまをするな」という意味で用いることが多いが、本映画の文脈では「無駄なことはするな」という意味で使用されている。

使用方法
話し手が、何かをしようとしている相手に対して、その行為が好ましくない結果に繋がるため実行しないほうがよい旨を助言する際に用いる。その際話し手はすでに相手がしようとしていることをして失敗した経験がある場合が多い。Don't waste your time.（時間を無駄にするな）に近い表現である。You needn't bother. / There's no need to bother. という形でも用いられる。

| p. 96 | **No cause for alarm, my dear.** | 意味 | 怖がらんでいいよ。 |

英文解析
cause はある結果を生じさせる原因、alarm は何らかの危険の可能性から生じる恐怖や警戒心を意味する名詞であり、cause for alarm で「警戒の原因」という意味になる。よって No cause for alarm で警戒の原因がないことを示す表現となる。There is…（～がある）を伴い There is no cause for alarm. と言うこともある。

使用方法
問題ありそうな状況について、心配する必要はないことを聞き手に伝える表現である。通常この言葉には相手を安心させる意図がある。話し手は、その状況をコントロールしているか、しようといている状態にあり、危険な状態に繋がらないという確信をもっていることが多い。my dear は一般的に配偶者に対する愛称として付けられる。

この2ページは、この映画で当社編集部がぜひ覚えていただきたいセリフの解説です。

Gentlemen Prefer Blondes

セリフ ベスト10

p.100	**If a thing's worth doing, it's worth doing well.**	意味	やる以上は徹底するのよ。

英文解析
worth ~ ing で「~する価値がある」という熟語表現である。この熟語表現はよく用いられる表現であるが、文法的には少し複雑である。というのも、worth は本来形容詞であるが、この場合、前置詞的な働きをしているのである。そのため、後に来る動詞が動名詞の形になっている。thing には「物事」の意味がある。~ 's はここでは is を略した形である。

使用方法
時間をかけるに値する仕事であると思ったら、それをするためにあらゆる努力をすべきだということを強調する時に用いられる表現である。一般的に、その人にとって価値のある仕事に対して、手抜きしたり近道をしたりせずに、一生懸命ベストを尽くして取り組むよう相手を励ます時に用いられることが多い。

p.104	**We'll stick together.**	意味	二人でやるのよ。

英文解析
We'll = We will で、「~しよう、~するつもりだ」という意志未来を表す表現である。stick は「二つ以上のものがくっつく」や「刺さる」という自動詞の意味がある。「一緒に」や「共同で」という意味の副詞 together が動詞 stick を説明しているため、stick together で、「一緒にくっついている」という意味になる。

使用方法
一人になったり、個々が勝手な行動をとったりせず、ペアや集団でずっとまとまっているべきだということを表す表現である。普段、大きな集団で行動する時や、知らない地域で行動する時など、集団でいることがその状況下では安全でメリットがあることを強調するために用いられる。例) Let's stick together so we don't get lost.（迷わないように一緒にいよう）

p.106	**François, you're just in time.**	意味	あらフランソワ、ちょうど良かったわ。

英文解析
in は前置詞であり、通常は何かの中にある状態を示すが、この表現では時間の概念の中で「~のうちに」という意味を表しており、in time で「時間内に」という意味になる。よって、イベントなどに間に合ったことを表す表現となる。just は「ちょうど、まさに」という意味の副詞で in time を強調している。

使用方法
"You're just in time" は相手が何かが始まる時間に間に合った時に用いられる表現である。もしその人が到着していなかったら、何かを見逃していた場合や、なにか不都合が生じた場合に用いられる。例) You're just in time. The plane was about to close the doors.（ちょうど間に合った。飛行機の扉が閉まるところだった。）

p.116	**You're only making things worse.**	意味	状況を余計悪くするだけよ。

英文解析
「make + O + C」で、「OをCにする」という意味である。この場合、things は「物事」を表す名詞でOの役割を果たす。worse は bad の比較級で「より悪い」という意味となり文中で補語の役割を果たしている。よって make things worse で「物事をいっそう悪くする」の意となる。この場合の現在進行形は「~しそうである」という意味を表す。

使用方法
ある問題を解決しようとしているのに、反って問題を悪化させている状況で用いられる表現である。この表現を用いる場合、話し手には、他の人に迷惑をかける結果になることが予想できるためその人が問題を解決しようとするのを止めさせようという意図がある。例) The wine stain won't come out. Rubbing it will only make things worse.（ワインのしみは浮き出て来ない。こするとますます状況は悪くなる。）

p.160	**What's got into you?**	意味	どういう風の吹き回しなんだ？

英文解析
get into で「中に入り込む」という意味。車などに乗り込むときもこの get into を使用する。What's=What has の短縮形であり、現在完了の形になっているため、動詞が過去分詞の got となっている。what は文の主語となり「何が」という意味となる。直訳すると「何があなたの中に入り込んでしまったの？」という意になり、何者かがその人に入り込み操っているかのようにいつもと違うように見えるというニュアンスを表現している。

使用方法
普段と異なった振る舞いをし、その振る舞いが周りを驚かせたり煩わせたりしている人に対して用いられる質問文である。通常話し手は、その人の普段とのギャップに驚きこの表現を使用する。例えば、いつもよりうれしそうな人になぜそんなにうれしそうなのか尋ねる場合に用いられる。または、失礼な言動をしている人に忠告する場合などにも使用される。

表示のページを開いて、セリフが登場する場面の前後関係とともに、その使用法を完全にマスターしてください。

出版物のご案内 － 最新情報はホームページをご覧ください

英国王のスピーチ　iPen対応

幼い頃から吃音という発話障害に悩まされている英国王と 一般人スピーチセラピストとの友情を描いた感動作。

中級

1,600円(本体価格)
四六判変形168ページ
【978-4-89407-473-6】

オズの魔法使　iPen対応

ドロシーと愛犬トトはカンザスで竜巻に巻き込まれ、オズの国マンチキンに迷い込んでしまう。

初級

1,400円(本体価格)
四六判変形168ページ
【978-4-89407-469-9】

幸せになるための27のドレス　iPen対応

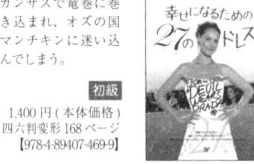

花嫁付き添い人として奔走するジェーン。新聞記者のケビンは、取材先で出会った彼女をネタに記事を書こうと画策する。

中級

1,600円(本体価格)
四六判変形200ページ
【978-4-89407-471-2】

市民ケーン　iPen対応

かつての新聞王ケーンが死に際に残した謎の言葉「バラのつぼみ」をめぐって物語は進んでいく…。

中級

1,400円(本体価格)
四六判変形200ページ
【978-4-89407-492-7】

紳士協定　iPen対応

反ユダヤ主義に関する記事の執筆を依頼されたフィルは、ユダヤ人と偽って調査するが、予想以上の差別や偏見を受ける。

上級

1,400円(本体価格)
四六判変形208ページ
【978-4-89407-522-1】

スタンド・バイ・ミー　iPen対応

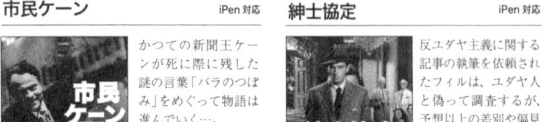

不良グループの話しを盗み聞きし、目当ての死体を探しに旅に出る4人の少年達。最初に見つけてヒーローになろうとするが…。

中級

1,600円(本体価格)
四六判変形152ページ
【978-4-89407-504-7】

素晴らしき哉、人生！　iPen対応

クリスマス前日、資金繰りに疲し自殺を考えるジョージに、二級天使クラレンスは彼を助けようと…。

中級

1,400円(本体価格)
四六判変形224ページ
【978-4-89407-497-2】

ダークナイト　iPen対応

新生バットマン・シリーズ第2作。最凶の犯罪者ジョーカーとバットマンの終わりなき戦いが今始まる…。

中級

1,600円(本体価格)
四六判変形208ページ
【978-4-89407-468-2】

食べて、祈って、恋をして　iPen対応

忙しい日々を送り、人生の意味を考え始めたリズが、夫と離婚して、自分探しの3カ国旅に出ることに。

上級

1,600円(本体価格)
四六判変形192ページ
【978-4-89407-527-6】

バック・トゥ・ザ・フューチャー　iPen対応

高校生のマーティは30年前にタイム・スリップし、若き日の両親のキューピットに。人気SFストーリー。

初級

1,600円(本体価格)
四六判変形168ページ
【978-4-89407-499-6】

陽のあたる場所　iPen対応

叔父の工場で働く青年は、禁止されている社内恋愛を始めるが、上流階級の令嬢ともつきあうことに。果たして、彼が選ぶのは…。

中級

1,400円(本体価格)
四六判変形152ページ
【978-4-89407-530-6】

ヒューゴの不思議な発明　iPen対応

駅の時計台に一人で住むヒューゴ。父の遺品である機械人形が現れ、映画監督の過去を隠す老人の人生を蘇らせる。

中級

1,600円(本体価格)
四六判変形160ページ
【978-4-89407-535-7】

プラダを着た悪魔　iPen対応

ジャーナリスト志望のアンディが、一流ファッション誌の編集長ミランダのアシスタントとなった…。

中級

1,600円(本体価格)
四六判変形168ページ
【978-4-89407-466-8】

フリーダム・ライターズ　iPen対応

ロサンゼルスの人種間の対立が激しい高校で、新任教師が生徒に生きる希望を与えるよう奮闘する、感動の実話。

上級

1,600円(本体価格)
四六判変形184ページ
【978-4-89407-474-3】

ローマの休日　iPen対応

王女アンは、過密スケジュールに嫌気がさし、ローマ市街に抜け出す。A・ヘプバーン主演の名作。

中級

1,400円(本体価格)
四六判変形200ページ
【978-4-89407-467-5】

出版物のご案内　　　　　　　　　　　　　　　　　　価格表示のないものは 1,200 円 (本体価格)

Business English in Movies iPen対応

映画史に残る名シーンから、ビジネス用語をテーマ別、場面別に幅広く学べます。
鶴岡 公幸／Matthew Wilson／早川 知子 共著
B5判 160ページ
1,600 円 (本体価格)
【978-4-89407-518-4】

THE LIVES AND TIMES OF MOVIE STARS iPen対応

『映画スター』を30名取り上げた、映画英語教育の新しい教材。高校生・大学用テキストブックです。
實壼 孝之 他1名 編著／井上 康仁 他2名 共著
A5判 134ページ
1,600 円 (本体価格)
【978-4-89407-501-6】

雨に唄えば DVD付

サイレント映画からトーキー映画への移行期を描いたミュージカル映画の傑作！
初級
1,500 円 (本体価格)
四六判変形 168ページ
【978-4-89407-443-9】

嵐が丘 DVD付

荒涼とした館「嵐が丘」を舞台にしたヒースクリフとキャシーの愛憎の物語。
中級
1,500 円 (本体価格)
四六判変形 168ページ
【978-4-89407-455-2】

或る夜の出来事 DVD付

ニューヨーク行きの夜行バスで出会った大富豪の娘としがない新聞記者の恋の結末は…。
中級
1,500 円 (本体価格)
四六判変形 204ページ
【978-4-89407-457-6】

イヴの総て DVD付

大女優マーゴを献身的に世話するイヴ。その裏には恐ろしい本性が隠されていた。
中級
1,500 円 (本体価格)
四六判変形 248ページ
【978-4-89407-436-1】

哀愁 DVD付

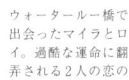

ウォータールー橋で出会ったマイラとロイ。過酷な運命に翻弄される2人の恋の行方は…。
中級
1,500 円 (本体価格)
四六判変形 172ページ
【978-4-89407-445-3】

失われた週末 DVD付

重度のアルコール依存症のドンは、何とか依存症を克服しようとするが…。
中級
1,500 円 (本体価格)
四六判変形 168ページ
【978-4-89407-463-7】

サンセット大通り DVD付

サンセット大通りのある邸宅で死体が発見された…。その死体が語る事件の全容とは？
中級
1,500 円 (本体価格)
四六判変形 192ページ
【978-4-89407-461-3】

シャレード DVD付

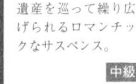

パリを舞台に、夫の遺産を巡って繰り広げられるロマンチックなサスペンス。
中級
1,500 円 (本体価格)
四六判変形 228ページ
【978-4-89407-430-9】

第三の男 DVD付

誰もが耳にしたことがあるチターの名曲とともに、事件の幕があがる…。
中級
1,500 円 (本体価格)
四六判変形 188ページ
【978-4-89407-460-6】

ナイアガラ DVD付

ローズは、浮気相手と共謀し夫を事故に見せかけ殺害しようと企むが…。
中級
1,500 円 (税込価格)
四六判変形 136ページ
【978-4-89407-433-0】

武士道と英語道 DVD付

テストのスコアアップだけではない、いわば効果性に強い英語道のすべてを、武士道を通して解説。
松本 道弘 著
四六判変形 208ページ
『サムライの秘密』DVD付
3,800 円 (本体価格)
【978-4-89407-379-1】

欲望という名の電車 DVD付

50年代初頭のニューオリンズを舞台に「性と暴力」、「精神的な病」をテーマとした作品。
上級
1,500 円 (本体価格)
四六判変形 228ページ
【978-4-89407-459-0】

レベッカ DVD付

後妻となった「私」は、次第にレベッカの見えない影に追い詰められていく…。
中級
1,500 円 (本体価格)
四六判変形 216ページ
【978-4-89407-464-4】

※2015年6月現在

若草物語　DVD付

19世紀半ばのアメリカ。貧しいながら幸せに暮らすマーチ家の四姉妹の成長を描く。

中級

1,500円(本体価格)
四六判変形 224ページ

アイ・アム・サム

7歳程度の知能しか持たないサムは、娘のルーシーと幸せに暮らしていたが、ある日愛娘を児童福祉局に奪われてしまう。

中級

A5判 199ページ
【978-4-89407-300-5】

赤毛のアン

赤毛のおしゃべりな女の子、アンの日常にはいつも騒動で溢れている。世界中で読み継がれる永遠の名作。

最上級

A5判 132ページ
【978-4-89407-143-8】

アナスタシア

ロマノフ一族の生き残り、アナスタシアが、怪僧ラスプーチンの妨害を乗り越え、運命に立ち向かうファンタジー・アニメーション。

初級

A5判 160ページ
【978-4-89407-220-6】

アバウト・ア・ボーイ

お気楽な38歳の独身男が情緒不安定な母親を持つ12歳の少年に出会い、2人の間にはいつしか奇妙な友情が芽生える。

中級

A5判 160ページ
【978-4-89407-343-2】

インデペンデンス・デイ

地球に巨大な物体が接近。正体は異星人の空母であることが判明し、人類への猛撃が始まる。人類の史上最大の作戦とは。

中級

A5判 216ページ
【978-4-89407-192-6】

麗しのサブリナ

ララビー家の運転手の娘サブリナ、その御曹司でプレイボーイのデヴィッドと仕事仲間の兄ライナスが繰り広げるロマンス。

初級

A5判 120ページ
【978-4-89407-135-3】

エバー・アフター

王子様を待っているだけなんて耐えられない。そんな強くて、賢く、さらに美しい主人公を描いたシンデレラ・ストーリー。

上級

A5判 156ページ
【978-4-89407-237-4】

カサブランカ

第2次大戦中、モロッコの港町カサブランカでカフェを営むリックの元に昔の恋人イルザが現れる。時代に翻弄される2人の運命は。

中級

A5判 200ページ
【978-4-89407-419-4】

風と共に去りぬ

南北戦争前後の動乱期を不屈の精神で生き抜いた女性、スカーレット・オハラの半生を描く。

上級

1,800円(本体価格)
A5判 272ページ
【978-4-89407-422-4】

クリスティーナの好きなコト

クリスティーナは仕事も遊びもいつも全開。クラブで出会ったピーターに一目惚れするが…。女同士のはしゃぎまくりラブコメ。

上級

A5判 157ページ
【978-4-89407-325-8】

交渉人

映画「交渉人」を題材に、松本道弘氏が英語での交渉術を徹底解説。和英対訳完全セリフ集付き。

上級

1,800円(本体価格)
A5判 336ページ
【978-4-89407-302-9】

ゴースト ニューヨークの幻

恋人同士のサムとモリーを襲った悲劇。突然のサムの死には裏が。サムはゴーストとなり愛する人を魔の手から守ろうとする。

中級

A5判 114ページ
【978-4-89407-109-4】

ゴスフォード・パーク

イギリス郊外のカントリーハウス「ゴスフォード・パーク」。そこで起きた殺人事件により、階級を超えた悲しい過去が明らかに。

上級

A5判 193ページ
【978-4-89407-322-7】

ザ・ファーム 法律事務所

ミッチはハーバード法律学校を首席で卒業、ある法律事務所から破格の待遇で採用を受けるが、陰謀劇に巻き込まれる。

上級

A5判 216ページ
【978-4-89407-169-8】

サンキュー・スモーキング

タバコ研究アカデミー広報部長のニックは巧みな話術とスマイルで業界のために戦うが、人生最大のピンチが彼を襲う！

上級

四六判変形 168 ページ
【978-4-89407-437-8】

JUNO / ジュノ

ミネソタ州在住の16歳の女子高生ジュノは、同級生のポーリーと興味本位で一度だけしたセックスで妊娠してしまう。

上級

A5 判 156 ページ
【978-4-89407-420-0】

スーパーサイズ・ミー

1日3食、1カ月間ファーストフードを食べ続けるとどうなる？ 最高で最悪な人体実験に挑むドキュメンタリー映画。

上級

A5 判 192 ページ
【978-4-89407-377-7】

スクール・オブ・ロック

ロックをこよなく愛するデューイは、ルームメイトのネッドになりすまし、有名市立小学校の5年生の担任となる…。

初級

A5 判 216 ページ
【978-4-89407-364-7】

スラムドッグ$ミリオネア

インドのスラム出身のジャマールは「クイズ$ミリオネア」に出場し最終問題まで進む。オスカー作品賞に輝く感動作。

上級

A5 判 168 ページ
【978-4-89407-428-6】

ダイ・ハード 4.0

全米のインフラ管理システムがハッキングされた。マクレーン警部補は史上最悪のサイバー・テロに巻き込まれていく。

上級

A5 判 176 ページ
【978-4-89407-417-0】

チャーリーズ エンジェル

謎の億万長者チャーリーが率いる、3人の美人私立探偵エンジェルズが披露する、抱腹絶倒の痛快アクション。

中級

A5 判 144 ページ
【978-4-89407-264-0】

ナイト ミュージアム

何をやっても長続きしないダメ男ラリーが斡旋されたのは博物館の夜警の仕事。だがその博物館には秘密が隠されていた。

初級

A5 判 176 ページ
【978-4-89407-415-6】

ハート・ロッカー

イラク・バグダッドで活動しているアメリカ軍爆発物処理班の姿を描く。オスカー作品賞、監督賞に輝いた衝撃作！

上級

四六判変形 188 ページ
【978-4-89407-453-8】

ハムナプトラ

舞台はエジプト。リック・オコンネルは、仲間と3人で、ハムナプトラの消えた秘宝を探す旅に出たのだが…。

中級

A5 判 148 ページ
【978-4-89407-239-8】

フィールド・オブ・ドリームス

アイオワ州で農業を営むレイは、ある日、天の声を聞く。以来、彼は、えも言われぬ不思議な力に導かれていくのであった。

中級

A5 判 96 ページ
【978-4-89407-082-0】

ミルク

アメリカで初めてゲイと公表し、公職についた男性ハーヴィー・ミルク。だが、その翌年最大の悲劇が彼を襲う…。

中級

四六判変形 192 ページ
【978-4-89407-435-4】

メイド・イン・マンハッタン

マンハッタンのホテルで客室係として働くマリサ。ある日次期大統領候補のクリスが宿に来たことでラブストーリーが始まる。

中級

A5 判 168 ページ
【978-4-89407-338-8】

モナリザ・スマイル

1953年のアメリカ。美術教師のキャサリンは保守的な社会に挑戦し、生徒たちに新しい時代の女性の生き方を問いかける。

中級

A5 判 200 ページ
【978-4-89407-362-3】

リトル・ミス・サンシャイン

フーヴァー家は、美少女コンテスト出場のため、おんぼろのミニバスでニューメキシコからカリフォルニアまで旅をする。

中級

A5 判 184 ページ
【978-4-89407-425-5】

※2015年6月現在

出版物のご案内　　　　　　　　　　　　　　　　　　　　　　価格表示のないものは 1,200 円(本体)

ロミオ&ジュリエット

互いの家族が対立し合うロミオとジュリエットは、許されぬ恋に落ちていく。ディカプリオが古典のリメイクに挑む野心作。

最上級

A5判 171 ページ
【978-4-89407-213-8】

ワーキング・ガール

証券会社で働くテスは、学歴は無いが、人一倍旺盛な努力家。ある日、上司に企画提案を横取りされてしまい…。

中級

A5判 104 ページ
【978-4-89407-081-3】

アメリカ映画解体新書

もう一度聴きたいのセリフ、もう逢いたいあのキャクターに学ぶ間・文化&口語

一色 真由美
A5判 272 ペ
1,500 円(本体
【978-4-89407-1

イギリスを語る映画

イギリスを舞台にした30本の映画を取り上げ、スクリーンに何気なく映し出される光景から感じられる文化や歴史を解説。

三谷 康之 著
B6判 172 ページ
1,500 円(本体価格)
【978-4-89407-241-1】

映画英語教育のすすめ

英会話オーラル・コミュニケーション教育に「映画」を利用することが注目されています。全国の英語教師必読の書。

スクリーンプレイ編集部 著
B6判 218 ページ
1,262 円(本体価格)
【978-4-89407-111-7】

映画英語授業デザイン集

「映画を使ってを教えたい」ま「学びたい」とに必見。25 種類業紹介とワークトがついていま

ATEM東日本支部
A5判 176 ペ
1,800 円(本体
【978-4-89407-4

映画を英語で楽しむための7つ道具

40本の映画をコンピューターで分析。Give, Get など、7つの単語で英語のほとんどを理解・運用することができます。

吉成 雄一郎 著
B6判 208 ページ
1,200 円(本体価格)
【978-4-89407-163-6】

映画(シナリオ)の書き方

いいシナリオには秘密があります。アカデミー賞受賞映画を分析し、優れた映画シナリオの書き方をお教えします。

新田 晴彦 著
A5判 304 ページ
1,300 円(本体価格)
【978-4-89407-140-7】

映画でひもとく風と共に去りぬ

『風と共に去りすべてがわかむ映画本』。世が感動した名セを英語と和訳説。裏話も紹介

大井 龍
A5判 184 ペ
1,200 円(本体
【978-4-89407-3

映画で学ぶアメリカ大統領

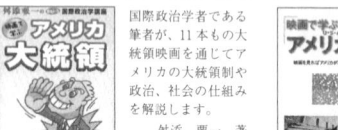

国際政治学者である筆者が、11本もの大統領映画を通じてアメリカの大統領制や政治、社会の仕組みを解説します。

舛添 要一 著
B6判 272 ページ
952 円(本体価格)
【978-4-89407-248-0】

映画で学ぶアメリカ文化

文化というとらえがたいものでも、映画を観ながらなら楽しく学ぶことができます。アメリカ文化を解説した1冊。

八尋 春海 編著
A5判 253 ページ
1,500 円(本体価格)
【978-4-89407-219-0】

映画で学ぶ英語熟語 150

重要英語表現1目が、おもしろどよくわかる!ッキー・シリー覚える、全く新英語熟語攻略法

山口 重彦
A5判 148 ペ
1,748 円(本体
【978-4-89407-0

映画で学ぶ中学英文法

本書は「スターウォーズ」シリーズ(エピソード4~6)から100シーンを選び、それぞれの中学重要英文法を詳しく解説。

内村 修 著
A5判 222 ページ
1,748 円(本体価格)
【978-4-89407-006-6】

英語学習のための特選映画100選 小学生編

映画英語アカデミー学会(TAME)の先生20名が小学生向け映画100本を用いた授業方法を提案。

TAME 監修
B5判 224 ページ
1,400 円(本体価格)
【978-4-89407-521-4】

英語学習のための特選映画100選

映画英語アカデ学会(TAME)の10名が中学生映画100本を用授業方法を提案

TAME
B5判 224 ペ
1,400 円(本体
【978-4-89407-5

出版物のご案内　　　　　　　　　　　　　　　　　　価格表示のないものは 1,200 円 (本体価格)

映画の中の星条旗(アメリカ)

アメリカの現代社会について 100 のテーマを選びそれについて関係の深い映画の場面を紹介・解説しています。

八尋 春海 編著
A5 判 240 ページ
1,500 円 (本体価格)
【978-4-89407-399-9】

映画の中のマザーグース

176 本の映画に見つけた、86 編のマザーグース。英米人の心のふるさとを、映画の中に訪ねてみました。

鳥山 淳子 著
A5 判 258 ページ
1,300 円 (本体価格)
【978-4-89407-142-1】

もっと知りたいマザーグース

『映画の中のマザーグース』に続く第 2 作。映画だけでなく文学、ポップス、漫画とジャンルを広げての紹介。

鳥山 淳子 著
A5 判 280 ページ
1,200 円 (本体価格)
【978-4-89407-321-0】

音読したい、映画の英語

声に出して読みたい映画の名セリフを、50 の映画から厳選してピックアップ。

映画英語教育学会 /
関西支部
藤江 善之 監修
B6 判 224 ページ
1,200 円 (本体価格)
【978-4-89407-375-3】

これでナットク！前置詞・副詞

日本人にはなかなか理解しづらい前置詞・副詞を、映画での用例を参考に、図解を用いてわかりやすく解説。

福田 稔 著
B6 判 180 ページ
1,262 円 (本体価格)
【978-4-89407-108-7】

スクリーンプレイ学習法

映画のセリフは日常で使われる生きた英語ばかり。本書では、映画シナリオを使った英会話学習法を全面解説。

新田 晴彦 著
A5 判 212 ページ
1748 円 (本体価格)
【978-4-89407-001-1】

スクリーンプレイで学ぶ 映画英語シャドーイング

英語の音を徹底的に脳に覚えさせる学習法「シャドーイング」。映画のセリフで楽しく学習できます。

岡崎 弘信 著
A5 判 216 ページ
CD-ROM 付
1,800 円 (本体価格)
【978-4-89407-411-8】

図解 50 の法則 口語英文法入門 改訂版

洋楽の歌詞と映画・海外ドラマの台詞を例示して、口語英語の規則性を体系化。すべての英語教師・英語学習者必読の書。

小林 敏彦 著
A5 判 212 ページ
1,600 円 (本体価格)
【978-4-89407-523-0】

中学生のためのイディオム学習

中学 3 年間でマスターしておきたい重要イディオム 171 項目を映画からの実例を合わせ、詳しく解説しました。

山上 登美子 著
B6 判 217 ページ
1,261 円 (本体価格)
【978-4-89407-011-0】

使える！英単語

『ダイハード』をドキドキ楽しみながら、英単語を身につけよう。単語帳では覚えられなかった単語もバッチリ定着。

山口 重彦 著
A5 判 200 ページ
1,262 円 (本体価格)
【978-4-89407-128-5】

フリーズの本

聞き取れないと危険な言葉、ぜひ覚えておきたい表現を、アメリカ英語から集めた 1 冊。

木村 哲也 /
山田 均 共著
B6 判 184 ページ
951 円 (本体価格)
【978-4-89407-073-8】

2014年 第3回 映画英語アカデミー賞

外国語として英語を学ぶ、小・中・高・大学生を対象にした教育的価値を評価し、特選する「映画賞」の第 3 弾。

TAME 監修
B5 判 216 ページ
1,600 円 (本体価格)
【978-4-89407-524-5】

ゴースト ～天国からのささやき スピリチュアルガイド

全米を感動の渦に巻き込んでいるスピリチュアルドラマの公式ガイドブック。シーズン 1 からシーズン 3 までのエピソード内容を完全収録し、キャストやモデルとなった霊能力者へのインタビュー、製作の舞台裏、超常現象解説などを掲載したファン必読の一冊。

B5 判変形 178 ページ
2,800 円 (本体価格)
【978-4-89407-444-6】

グラディエーター

第 73 回アカデミー作品賞受賞作『グラディエーター』のメイキング写真集。200 点以上の写真や絵コンテ、ラフ・スケッチ、コスチューム・スケッチ、セットの設計図、デジタル画像などのビジュアル素材に加え、製作陣への膨大なインタビューを掲載。

A4 判変形 160 ページ
2,800 円 (本体価格)
【978-4-89407-254-1】

※2015 年 6 月現在

iPen の案内

iPen とは？

- **i**（わたしの）**Pen**（ペン）は内蔵音声データを再生する機器です。
- 先端に赤外線読み取り装置が組み込まれており、ドットコードを読み取ります。
- 上部にスピーカーとマイクロフォンが付いています。

読んでる時が聞きたい瞬間

- 特殊加工（ドットコード）印刷された英文にペン先を当てると、
- スキャナーがドット番号を読み取り内部のシステムを介して…
- MicroSD 内データを呼び出し、音声を再生します。

早送りも巻き戻しも必要なし

- 聞きたいセリフ箇所にペン先を当てるだけで直ちに聞こえます。
- DVD・ブルーレイ・USB など映画ソフト、プレイヤー・パソコンなどハードは必要なし。
- 面倒なチャプター探し、早送り、巻き戻しも一切不要です。

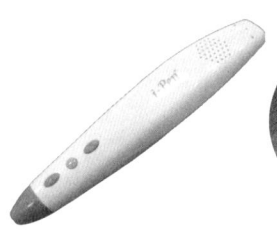

その他の機能紹介

用途	音声録音	USB 対応	ヘッドホンと MicroSD 対応
内容	本体内部にはデジタルメモリーが内蔵されており、本体上部のマイクにより外部（あなたの）音声を一時的に録音させることができます。また、録音音声をドットコードとリンクさせ、再生させることもできます。	付属の USB ケーブルを使用してパソコンと接続することができますから、パソコンで音声データ編集が可能です。単語毎、文章毎、画像の音声化などあなたの用途に応じてさまざまな音声編集をすることができます。	本体には一般ヘッドホンが接続できます。使い慣れたヘッドホンで周囲の環境を気にすることなく本体をご使用いただけます。また、音声データは基本的に MicroSD カード（別売り）に保存してご利用いただけます。
実用例	シャドーイング学習・発音確認	音声カードやフラッシュカード作り	通勤通学学習・友人と音声交換

iPen の使い方 ①

音声を再生する

電源ボタンで *iPen* を ON にします。（OFF も同様です）

❶ **セリフ毎の音声再生**
スクリーンプレイの英語文字周辺にペン先をあわせると、印刷行の区切りまで音声を再生することができます。同一人物のセリフでも、長いセリフは途中で分割されています。
繰り返し聞きたいときは、再度、ペン先をあわせます。

❷ **チャプター毎の音声再生**
チャプター毎にまとめて、連続してセリフを聞きたい時は、スクリーンプレイの目次や各ページに印刷されている ①（DVD）チャプター番号にペン先をあわせます。

❸ **スクリーンプレイの目次**
スクリーンプレイの目次は今後とも原則「10」で編集しますが、日本発売の標準的 DVD チャプターの区切りに準じます。

音声データのコピー（移動）

iPen では任意の MicroSD で PC と双方向に音声データのコピーができます。だから、MicroSD は一枚でも結構です。各映画の音声データは PC のフォルダーに保存しておきましょう。

❶ **音声データをダウンロードします**
必要な音声データを PC 内フォルダーにダウンロードします。

❷ ***iPen* と PC を接続します**
iPen 電源オフで付属 USB ケーブルを PC に接続します。

❸ ***iPen* の所定フォルダー内既存データを「削除」します**

❹ **音声データをコピーします**
PC 内の音声データを *iPen* の所定フォルダーにコピーします。

❺ **「所定フォルダー」や切断方法など**
iPen の所定フォルダーや PC との切断方法など、詳しい内容は *iPen* 付属の取扱説明書をご覧下さい。

スクリーンプレイから「音」が出る新時代

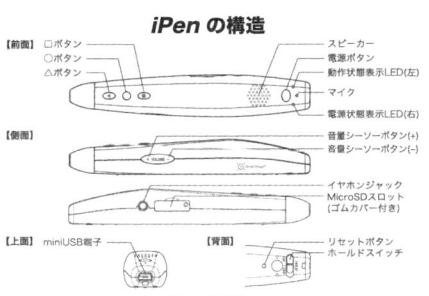

iPen の構造

【前面】
- □ボタン
- ○ボタン
- △ボタン
- スピーカー
- 電源ボタン
- 動作状態表示LED(左)
- マイク
- 電源状態表示LED(右)

【側面】
- 音量シーソーボタン(+)
- 音量シーソーボタン(-)
- イヤホンジャック
- MicroSDスロット (ゴムカバー付き)

【上面】
- miniUSB端子

【背面】
- リセットボタン
- ホールドスイッチ

主な仕様

製品名	スクリーンプレイ iPen	製造元	Gridmark Inc.型番GT-11010J
サイズ	145×25×21mm	保証期間	購入日より6ヶ月製造元にて
重量	約40グラム	配給元	株式会社 FICP
マイク	モノラル	商標	iPenはFICPの登録商標
音声出力	モノラル100mW/8Ω	媒体	MicroSDカード
使用電池	リチウムイオン電池3.7v (400mAh)	音声	専用音声データ (別売り)
充電時間	約5時間 (フル充電で約3時間作動)	印刷物	ドットコード付き書籍 (別売り)
外部電源	5V/0.8A	動作温度	0～40℃

(詳しくは本体説明書をご覧下さい)

Screenplay「リスニングCD」は?

・「リスニングCD」は、お客様のご要望により当社iPenをご利用されていない学習者の方々のために販売を継続しています。
・「リスニングCD」の有無は、下記のホームページでご確認下さい。(本作のようなパブリックドメイン作品を除きます。)
・購入済み Screenplay「リスニングCD」は(送料はお客様ご負担の上、CD本体を)当社までご返送いただければ、該当タイトルの「音声データ」(ダウンロード権)と無料交換いたします。

詳しくはホームページをご覧下さい。 http://www.screenplay.co.jp

入手方法

平成24年6月1日現在、書籍とiPen(2GB以上、MicroSDカード装着済み)は書店でご注文いただけますが、音声データは当社への直接注文に限ります。
下記までご連絡ください。

郵便、電話、FAX、メール、ホームページ

株式会社フォーイン スクリーンプレイ事業部
〒464-0025 名古屋市千種区桜が丘292
TEL : (052) 789-1255 FAX : (052) 789-1254
メール : info@screenplay.co.jp

ネットで注文

http://www.screenplay.co.jp/ をご覧下さい。
(以下の価格表示は2015年7月1日現在のものです)

iPen の価格

スクリーンプレイ iPen 一台 8,800円(本体価格)
(MicroSDカード「2GB」以上、一枚、装着済み)
(当社発売ドット出版物すべてに共通使用できます)

専用書籍

iPen を使用するには、専用の別売り ドットコード印刷物と音声データが必要です。

ドット付き 新作 スクリーンプレイ 1,600円(本体価格)
ドット付き クラシック スクリーンプレイ 1,400円(本体価格)
ドット付き その他の出版物 表示をご覧下さい。

MicroSD カード

iPen 装着以外の MicroSD カードは電気店・カメラ店などでご購入ください。推奨容量は「4GB」以上です。

音声データ (ダウンロード)

音声データ(1タイトルDL) 標準 1,200円(本体価格)
音声はクラシック・スクリーンプレイシリーズは映画の声(一部例外有り)、それ以外はネイティブ・スピーカーの録音音声です。

送料

音声データのダウンロード以外は送料が必要です。
ホームページをご覧いただくか、お問い合わせ下さい。

iPen の使い方 ②

音声を録音する	音声をリンクする
❶ 録音モードに切り替える 待機状態で「○ボタン」を2秒以上押ししてください。LED(左)が赤く点灯し【録音モード】になります。 ❷ 録音する 【録音モード】になったら「○ボタン」を離して下さい。すぐに録音が開始されます。 ❸ 録音の一時中止 録音中に「○ボタン」を押すと録音を一時停止します。もう一度「○ボタン」を押すと録音を再開します。 ❹ 録音を終了する 「□ボタン」を押すと録音を終了します。 ❺ 録音を消去する 【一部消去】、【全消去】とともに説明書をご覧ください。	リンクとは録音音声をスクリーンプレイ左ページ最下段に印刷された (Pen) マーク(空き番号)にリンクすることです。(Pen) マークにペン先をあわせると録音音声が聞こえるようになります。 ❶【リンクモード】に切り替える リンクしたい音声を選択し、その音声の再生中/録音中/一時停止中に「△ボタン」を2秒以上押ししてください。LED(左)が橙に点灯し【リンクモード】になります。 ❷ リンクを実行する 【リンクモード】になったら、「△ボタン」を放してください。リンクの確認メッセージが流れます。その後、(Pen) マークにタッチするとリンク音が鳴り、リンクが完了します。 ❸ リンクを解除する 【一部解除】、【全解除】、その他、説明書をご覧下さい。

購入書籍"映画"での徹底学習を応援します！

- リスニングシートは『目的』『方法』『シートについて』『注意』をよく読みご利用ください。
- 該当の映画メディア（DVD、ブルーレイ、3D等）を購入するか、レンタルするか、準備が必要です。
- 映画音声で聞き取りにくい方はまず『音声データ』または『リスニングCD』から挑戦でも結構です。

★ このコーナーは、ドット印刷スクリーンプレイ・シリーズを購入された方、限定の特典コーナーです。
★ ドット印刷改訂版以前の書籍ではDVDのチャプター設定に対応していませんので対象外です。
★ ご利用には、ご購入書籍の裏表紙に印刷してある『ISBNコード番号』下4桁の入力が必要です。
★ あなたの能力レベルに関わらず、初級Aコースから順にご利用されるようお薦めします。
★ なお、本リスニングシートは映画英語アカデミー学会『リスニングチャレンジ』と共用の企画です。

初級Aコース（見本）

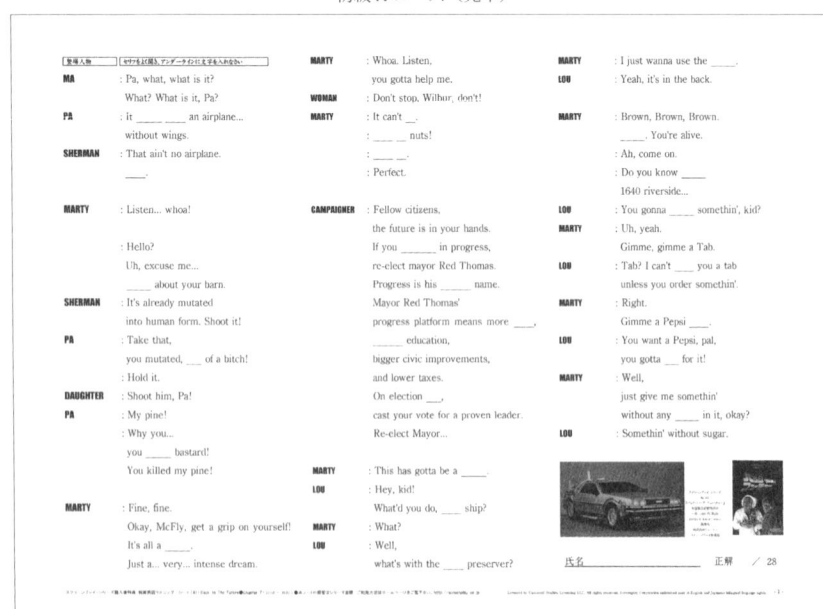

リスニングシート(無料)のご案内

目 的

　リスニングシートは、書籍スクリーンプレイ・シリーズとして発行されている名作映画を対象に、メディア（DVDやブルーレイ、3D 等）と併用して、リスニング学習を応援するためのものです。

　リスニングシートは、あなたが『英語字幕』を正確かつ完全に作成することを目指して、何度も映画スターのセリフを聞き取りながら、リスニング学習の楽しさと喜びを感得し、英語音声の特徴と口語英語のリズムを習熟、リスニング能力の向上を実現していただくことを目的にしています。

方 法

映画　シートは現在、限定したタイトルだけです。タイトルは順次、追加しますのでお待ちください。
種類　シートは4コース（初級Aコース、中級Bコース、上級Cコース、最上級Dコース）あります。
選択　ご希望のコースを選んでください。通常は『初級Aコース』から順にご利用ください。
印刷　シートは印刷（プリント）できます。標準B4サイズで印刷してください。A4でも結構です。
記入　メディアを鑑賞しながら、リスニングシートのアンダーライン部分にセリフ文字を記入します。
禁止　メディアには英語字幕がある場合がありますので、これを表示しないでリスニング学習します。
解答　解答、日本語訳、語句解説などはご購入された書籍スクリーンプレイをご覧ください。

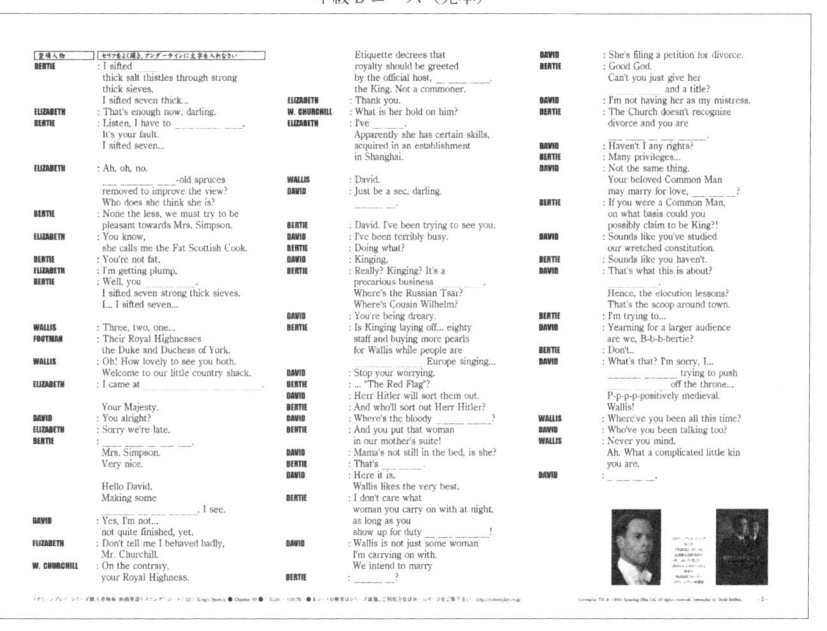

中級Bコース（見本）

シートはスクリーンプレイのホームページから

リスニングシートについて

- 初級　Aコースのアンダーラインは、JACETレベル1までの中学学習単語の中から設定しました。
- 中級　Bコースのアンダーラインは、JACETレベル3までの高校学習単語の中から設定しました。
- 上級　Cコースのアンダーラインは、JACETレベル6までの大学学習単語の中から設定しました。
- 最上級　Dコースのアンダーラインは、JACETレベル8までの8000単語全てです。
- 複数形、進行形、過去（完了）形、比較（最上）級、否定形、結合単語なども全て含まれます。
- レベルを超えた単語は全て記入済みです。
- 人名や固有名詞は初めて登場する時は記入済み、2回目からはアンダーラインの場合があります。
- セリフをよく聞き取って、正確に英語字幕を記入してください。
- 「I am」と発声していたら「I am」、「I'm」と発声していたら「I'm」です。
- 「wanna」は「wanna」で、「want to」は不正解です。その他、同様。
- 辞書を使用することは可能です。英語字幕を表示・参照することは禁止です。
- リスニングシートの転載、引用、コピー、第三者への貸与または販売など一切禁止です。

http://screenplay.co.jp/lsheet/manual.html

上級Cコース（見本）

無料で自由にダウンロードできます

注 意

基本
① 発声のセリフを良く聞き取って、正確に文字化し、完全な英語字幕を記入します。
② 動物の鳴き声や自然物などの擬声語、擬音語は原則的に文字化する対象になりません。
③ 大文字と小文字の区別、コンマ、ピリオド、ハイフンなども必要です。
④ 文字は半角文字で記入してください。数字は算用数字の場合と文字の場合があります。
⑤ 正しい英文法や標準的な表記法に準拠した文章表示が大切です。
⑥ 実際のセリフが文法的に間違っている場合は、発声に従います。
⑦ 英語以外の言語が登場する場合は、あらかじめ表示されています。

ライン
① 一つのアンダーラインに一つの単語が入ります。
② 一つのアンダーラインに２単語以上記入があると「不正解」となります。
③ ただし、中には「-」や「'」で結合された複合単語などがあります。
④ アンダーラインの長さは、半角英数で、正解単語の長さとほぼ一致します。
⑤ 「.」「,」「!」「?」などは、基本的に初めから表示されています。

ユーザー名 = screenplay、 パスワード = ISBNコード下4桁

最上級Ｄコース（見本）

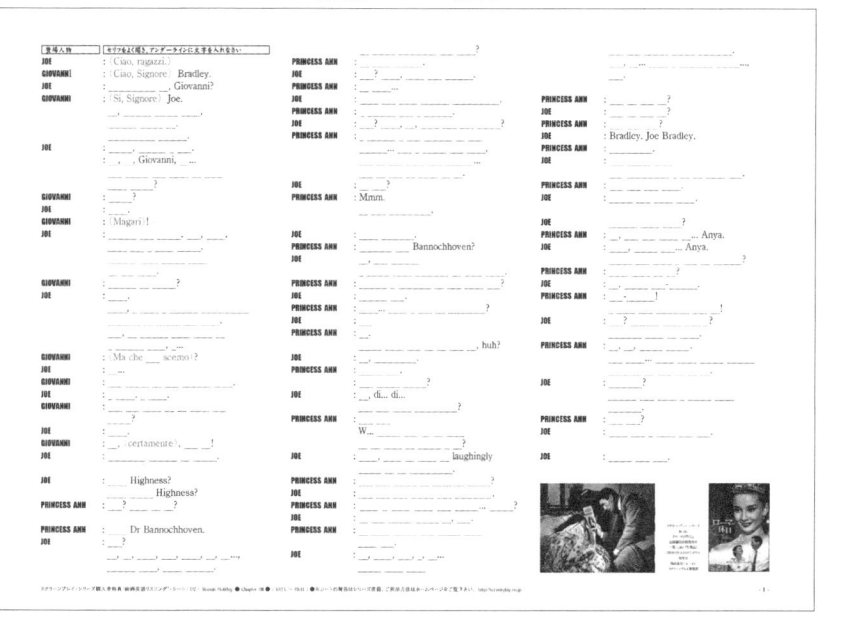

クラシック・スクリーンプレイ (CLASSIC SCREENPLAY) について

　クラシック・スクリーンプレイは著作権法による著作権保有者の保護期間が経過して、いわゆるパブリック・ドメイン（社会全体の公共財産の状態）になった映画の中から、名作映画を選んでスクリーンプレイ・シリーズの一部として採用したものです。

名作映画完全セリフ集
スクリーンプレイ・シリーズ 173
紳士は金髪がお好き
2015 年 7 月 3 日　初版第 1 刷

監　　　修：日比野　彰朗
翻訳・語句：岸本　真里／髙田　陽子／林　洋佑／日比野　彰朗／
前文・コラム　平野　彩花／柳　美帆
10 のセリフ：Mark Hill ／日比野　彰朗
英 文 担 当：Mark Hill
編　集　者：小寺　巴／ Mark Hill ／塚越　日出夫／鯰江　佳子／
　　　　　　菰田　麻里
発　行　者：鈴木　雅夫
発　売　元：株式会社フォーイン　スクリーンプレイ事業部
　　　　　　〒 464-0025　名古屋市千種区桜が丘 292
　　　　　　TEL: (052) 789-1255　FAX：(052) 789-1254
　　　　　　振替：00860-3-99759
印刷・製本：中部印刷株式会社
特　　　許：吉田健治／グリッドマーク株式会社（ドット印刷）

定価はカバーに表示してあります。
無断で複写、転載することを禁じます。
乱丁、落丁本はお取り替えいたします。

Printed in Japan
ISBN978-4-89407-538-2